ビジネス文書
―オフィスワーカーの実務―

横山 秀世 編著

浅田真理子・苅野 正美・兒島 尚子
森田 育代・森田恵美子 共著

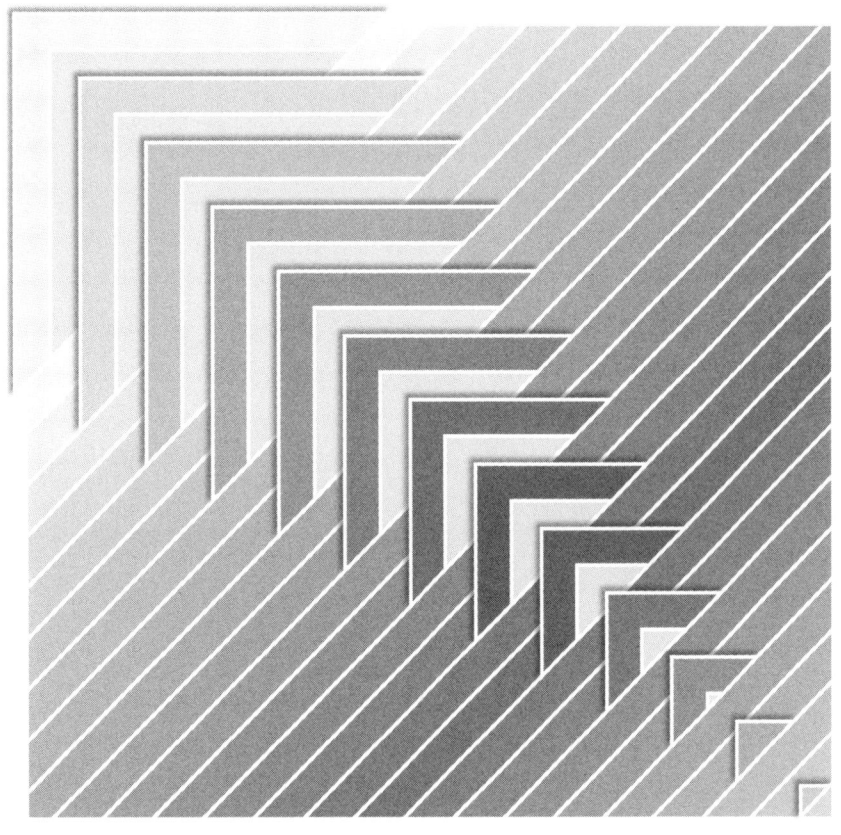

建帛社
KENPAKUSHA

はじめに

　文書は，記録や情報伝達の最も基本的な手段である。その重要性は，社会の高度化・複雑化とともにますます高まり，今日では，状況に応じた適切な文書の作成・使用能力の修得が，特にビジネスにおいては強く望まれているのである。

　また一方，今日ではパソコンや電子メールが普及し，文書の多くはパソコンで作成され，メールで容易に交換されるようになった。これは便利な反面，危険でもある。たとえばパソコン保存の機密文書をうっかりメーリングリストに流してしまう。あるいは友人宛メールのような絵文字入りメールを取引先に送り，ひんしゅくを買う。このように，電子情報化には大きな危険が伴うが，いまやパソコンやメールは不可欠の社会インフラとなっており，ビジネスでも私生活でも，それらは今後さらに重視され多用されるようになるであろう。

　では，この電子情報化に私達はどう対応すればよいのであろうか。第一にいえるのは，パソコンやメールがいくら普及しても，最も確実性の高い記録・伝達手段は依然として紙ベースの文書であり，したがって，そうした紙文書の取り扱いにも十分習熟しておく必要があるということ。第二に，パソコンやメールはあくまでも記録・伝達の手段であり，コンテンツ（文書）の作成は従来の方法と基本的には変わらないということ。特に社用あるいは公用の文書には，一定の形式と正確な記述が求められる。そうした元となるビジネス文書をきちんと作成することこそが，パソコンやメールを有効に使用するための大前提なのである。

　こうした観点から，この本では，企業で働く人達が自社内の意思疎通や用件伝達のために作成する社内文書（報告書・通知文・議事録など），他企業との取引で交わされる取引文書（照会状・依頼状・苦情処理状など），取引とは直接関係はないが取引先との人間関係を円滑にするために必要とされる社交文書（挨拶状・見舞状・お悔み状など）や各種のメール文書などについて，例文を交えながら基礎から詳しく説明している。実践的な文書作成能力をつけるため，演習問題も随所に設けた。

　また文書管理，受信文書・発信文書・メールの取り扱い方，郵便・封筒・はがき，表・グラフの作成，さらには就職活動に必要な履歴書・送付状・エントリーシートなどについても具体的に解説し，重要なビジネス文書の用語は一覧にして説明を加えた。

　本書が，これから企業人となる学生，そして実際に働いている人達の一助となることを願っている。

　2011年3月

著者を代表して

横山　秀世

目　　次

Ⅰ　ビジネス文書の概要

1　ビジネス文書の特性 …………………………………………………………… 1
2　ビジネス文書の基本 …………………………………………………………… 1
3　ビジネス文書の種類 …………………………………………………………… 5
4　ビジネス文書の基本慣用語句 ………………………………………………… 5
5　社外文書と社内文書の相違 …………………………………………………… 7
　　　◆演習問題 ………8

Ⅱ　ビジネス文書の作成

1　取 引 文 書 ……………………………………………………………………… 10
　　(1) 取引文書の種類　………10
　　(2) 取引文書の形式と例　………12
　　(3) 取引文書の構成要素　………14
　　(4) 取引文書の例と作成要領　………15
　　(5) パソコンによる文書作成　………31
　　(6) 校正記号　………33
　　　◆演習問題 ………35
2　社 内 文 書 ……………………………………………………………………… 42
　　(1) 社内文書の種類　………42
　　(2) 社内文書の形式と例　………43
　　(3) 社内文書の構成要素　………45
　　(4) 社内文書の例と作成要領　………46
　　　◆演習問題 ………58
3　社 交 文 書 ……………………………………………………………………… 62
　　(1) 社交文書の種類　………62
　　(2) 社交文書の特徴　………62
　　(3) 縦書きの形式　………63
　　(4) 社交文書の例文と作成要領　………64

　　　　　◆演習問題　………*74*
　4　その他の文書 ………………………………………………………………………*80*
　　　(1) 電子メール　………*80*
　　　　　◆演習問題　………*85*
　　　(2) 電報（祝電・弔電）………*87*
　　　　　◆演習問題　………*88*
　　　(3) 英文の履歴書および添え状　………*89*
　　　(4) 英文の各種カード　………*91*
　　　(5) 封筒・はがきの表書き　………*92*

Ⅲ　文書の受発信業務

　1　受発信業務の知識 ……………………………………………………………………*94*
　　　(1) 受発信文書の取り扱い　………*94*
　　　(2) 機密文書の取り扱い　………*94*
　　　(3) 文書の発信方法　………*95*
　2　郵便の知識 ……………………………………………………………………………*95*
　　　(1) 通常郵便物　………*96*
　　　(2) 特殊取扱郵便物　………*97*
　　　(3) その他郵便物　………*98*
　　　(4) 大量発送の郵便物　………*98*
　　　(5) 国際郵便　………*99*
　3　用紙と封筒 ……………………………………………………………………………*99*
　　　(1) 用紙のサイズ　………*99*
　　　(2) 封筒のサイズ　………*100*
　　　(3) 用紙の綴じ方（ステープラ）………*100*
　4　はがき・封筒の書き方 ……………………………………………………………*101*
　　　(1) はがきの表書き　………*101*
　　　(2) 往復はがきの書き方　………*102*
　　　(3) 封筒の書き方　………*103*
　　　(4) 用紙の折り方，封入の仕方　………*105*
　　　(5) 封筒の封の仕方　………*105*
　　　　　◆演習問題　………*106*

Ⅳ 文書の管理

- 1 ファイリングの過程 ·· 109
  - (1) 文書のまとめ方 ········*110*
  - (2) ファイリングの方法 ········*112*
- 2 ファイリングの用具 ·· 112
  - (1) 基本的な用具 ········*112*
  - (2) その他の用具 ········*114*
    - ◆演習問題 ········*115*

Ⅴ 表・グラフの作成

- 1 図表化の利点 ·· 116
- 2 グラフの種類 ·· 117
- 3 グラフ作成の基本 ·· 117
- 4 各種グラフの作成方法 ·· 118
  - ◆演習問題 ········*121*

Ⅵ 就職関連文書

- 1 就職における文書の役割 ·· 122
- 2 就職活動の過程で必要となる文書 ······································ 122
- 3 履歴書の作成 ·· 122
- 4 エントリーシートの作成 ·· 127
- 5 送付状の例 ·· 128
  - ◆演習問題 ········*130*

Ⅶ 資　　料

- 1 ビジネス文書関係用語 ·· 133
- 2 二十四節気 ·· 137
- 3 雑　節 ·· 138
- 4 各月（陰暦）の異称 ·· 139

参考文献一覧 ··· 140

Ⅰ　ビジネス文書の概要

　文書事務はオフィスワークの中でも最も重要な業務である。現代のオフィスでは，多種多様な文書が作られ，連絡や保存のために盛んに利用されている。また，最近は情報化の進展により，文書を電子メール（Ｅメール）などのデジタル情報として扱う機会が飛躍的に増大してきた。現代のオフィスでは，高度な文書実務能力がなければ，ほとんど仕事にならないといっても言い過ぎではない。

　文書には，個人的な文書と，社用あるいは公用の文書がある。私達が友達や家族に出す手紙は用件が伝わりさえすればよく，形式はさほど問題ではない。しかし，会社や官公庁の文書は，社用あるいは公用の文書であり，内容の正確さだけでなく一定の形式も求められる。それを守らなければ，本人だけでなく勤務先全体が社会常識を疑われ，場合によっては大きな不利益を被ることがある。

1　ビジネス文書の特性

　ビジネスの場では，相手方との情報の交換や伝達が必要である。その手段として面談や電話での口頭のやりとりという方法もあるが，話し言葉による情報交換は確実性に乏しい。これに対し，文書は伝達性，客観性，保存性，証拠性の点で，はるかに優れている。
①**伝達性**：文書は広範囲に長期にわたり情報を伝達することができる。
②**客観性**：文書化された情報は客観性が高く，主観的な感情の影響を受けにくい。
③**保存性**：文書は情報を長期間保存することができる。
④**証拠性**：文書は表示内容を確実に伝達できるので，証拠能力が高い。
　このように，文書は確実性の高い伝達手段であり，近代社会では重要事項は一般に文書をもって伝達される。これを「文書主義の原則」という。ビジネス文書は，文書のこうした特性に注目して作成され使用されるのである。

2　ビジネス文書の基本

　ビジネス文書は，用件を単に相手に伝えるだけでなく，できるだけ理解しやすく好感のもてる文章でなければならない。また，個人が書いたものでも，企業あるいは所属部署の公の意思表示として扱われるので，その責任は個人に留まるのではなく，企業全体に及ぶのである。
　ビジネス文書の作成にあたっては，次の事項を心掛ける必要がある。

2　ビジネス文書の基本

①一定の書式に従って書く
　対外的に用いる取引文書や契約書などの社外文書はもちろんのこと，社内で用いる文書なども，一定の構成や書式があるので，それに従って書くのが通例である（Ⅱ章を参照）。

②横書きが基本
　ビジネス文書は，横書きが一般的である。横書きにすると読みやすく書きやすいという利点がある。特に数字は，漢数字より算用数字を使用するほうがわかりやすく，算用数字は横書きのほうが適している。またパソコンによる文書作成が容易といった能率の面からも，横書きのほうがビジネス文書に適している。
　しかし，儀礼的なあいさつ状，あらたまった礼状などは，縦書きにすることが多い。

③1用件は1枚にまとめる
　一つの用件は1枚の用紙にまとめるのが原則である。複数の用件を1枚の用紙にまとめて書いたり，一つの用件を2枚以上にわたって書くことは，文書の扱いが煩雑になり，整理・保管上でも不便となる。また，1枚で用件をまとめることで，文章も簡潔になる。

④文体を統一する
　ビジネス文書は，口語体で書くのが原則である。文書の種類に応じて，次の表のように，それにふさわしい文体で書く。一つの文書は一つの文体で統一する。

文体		使用文書
普通語 （常体）	「……である」	社内文書（通達・規程・議事録・連絡文書など） 　例「円高の傾向である」
	「……だ」	例「円高の傾向だ」
丁寧語 （敬体）	「……です」 「……であります」	一般取引文書・一般社内文書 　例「円高の傾向です／円高の傾向であります」
	「…でございます」	社交／儀礼文書・特別な取引文書 　例「円高の傾向でございます」

＊文中の注釈・文書の標題・別記・箇条書きなどは，「体言（名詞，代名詞）止め」にしてもよい。
　（例「円高の傾向」）

⑤件名／標題をつける
　ふつう，往復文書では，何が書いてあるかを一見してわかるように，文書の内容を10字ないし15字くらいにまとめて書く。
　しかし，弔慰状・見舞状などの社交文書には必要としない。

⑥箇条書きを用いる
　ビジネス文書を簡潔に要領よく書くために，項目をたてて箇条書きにするとよい。

　　　〈例〉　1．日時　　○月○日（火）　午後6時〜8時30分
　　　　　　　2．場所　　レストラン「マハラジャ」（別紙地図参照）
　　　　　　　3．会費　　3,500円（夕食代含む）

⑦数字は算用数字を用いる

　横書き文書では，数字は算用数字（アラビア数字）を用いる。数字は，ビジネス文書では重要な役割を果たすので，細心の注意を払って間違いのないように書く。

　しかし，次のような場合は，横書き文書でも漢数字を使う。

固有名詞	四国／三宮／八田先生	慣　用　語	一石二鳥／第一印象
概　　　数	数百人／二，三日	貨幣・紙幣	十円硬貨／一万円札

⑧文章はわかりやすく，正確，簡潔に書く

　a．用件の脱落がないように，5W2Hを念頭に簡潔に書く。
　　① When　　いつ（日時，時期）　　② Where　　どこで（場所）　　③ Who　　誰が（主体）
　　④ Why　　　なぜ（理由，原因）　　⑤ What　　　何を（目的，事柄）
　　⑥ How　　　どのように（手段，方法）　⑦ How much／(many)　いくらで（価格，経費）

　b．センテンスはなるべく短くする。長いセンテンスは読みにくく，しかも理解しにくくなる。
　　　一つのセンテンスは，ほぼ50字以下にまとめるのがよい。

　c．あいまいな表現や言葉遣いは避ける。

　d．誤字，脱字がないよう，十分気をつける。

⑨敬語を正しく使う

　敬語の使い方を誤ると相手に不快感を与える。敬語（尊敬語，謙譲語，丁寧語，美化語）の使い分けには，細心の注意が必要である。

　また，社外文書においては，特に，相手方に対する礼儀上，一つの言葉について，自分側のことと相手側のことを別の表現であらわす。

	言　葉	相手側　（尊敬語）	自分側　（謙譲語）
1	会社／支店	貴社　御社／貴支店　御支店	当社　弊社　当支店　弊支店
2	銀行／商店	貴行　御行／貴店　御店	当行　弊行／当店　弊店
3	官庁／団体	貴庁　貴省／貴会　貴協会　御会	当庁　当省／当会　本会
4	場所	貴地　御地　御地方	当地　当地方
5	文書	貴信　ご書面　貴簡	書面　書状
6	意見	貴見　ご高見　ご意見	私見　愚見
7	受領	お納め　ご受納　ご査収　ご笑納	拝受　入手　受領
8	見る　読む	ご高覧　ご一覧　ご一読	拝見　拝読
9	品物	結構なお品　ご厚意の品　ご厚志　佳品(かひん)	粗品　小品　粗菓（菓子の場合）
10	会う	ご来訪　ご引見	伺う　参上

⑩ビジネス文書特有の表現

　ビジネス文書では，「話し言葉」で書いてもよい場合もあるが，ビジネス文書特有の表現を用いて作成する。

	話　し　言　葉	ビジネス文書での表現
1	お忙しいところをすみませんが	ご多用中恐縮でございますが
2	ぜひ都合をつけて（出席ください）	万障お繰り合わせの上
3	どうか事情をお察しくださって	何とぞ事情ご賢察の上
4	ごめんなさい	ご容赦ください／お許しください
5	お調べのうえお受け取りください	ご査収ください／ご検収ください
6	読ませていただきました	拝読いたしました
7	気持ちよくお引き受けくださり	ご快諾いただき
8	悪く思わないでください	（何とぞ）悪しからずご了承ください
9	ご覧ください	ご高覧ください
10	お教えください	ご教示のほどお願いいたします
11	知らなかったとはいえ	存じ上げなかったとは申せ
12	お待ちしています	お待ち申し上げます
13	いいにくいですが	誠に申し上げかねますが
14	お知らせとお願いをします	お知らせかたがたお願い申し上げます

⑪美しく感じのよい仕上げ

　ビジネス文書はパソコンで作成する場合がほとんどであるが，祝い状，弔慰状，見舞状，詫び状など，手書きにしたほうがよいものもある。

　ビジネス文書をワープロで作成する際は，変換ミスなどによる誤字，脱字が生じやすいので，この点に特に注意して校正を行う（参照 pp.33-34）。

3 ビジネス文書の種類

ビジネス文書には，社内文書と社外文書があり，さらに社外文書は，次のように，取引文書と社交文書（儀礼文書）に分けられる。

社外文書は，外部に向けて発信する文書で，業務に関して事務的に作成される取引文書と，業務に直接関係はないが，信頼関係を築くための儀礼的な意味を持つ社交文書がある。

いずれも会社を代表して作成する文書として，礼儀正しくルールを守って作成する必要がある。

社内文書	社外文書	
	取引文書（往復文書）	社交文書（儀礼文書）
通達文／指示文 計画書／企画書 稟議書／起案書／伺書／回議書 報告書　議事録　届書　申請書／願 進退伺　始末書　業務連絡書 通知書　照会書　依頼書	通知状　照会状 回答状　督促状 帳票	挨拶状　招待状／案内状 祝賀状　季節の挨拶状 見舞状　お悔み状／弔慰状 礼状／感謝状 紹介状／推薦状

4 ビジネス文書の基本慣用語句

①宛名と敬称

敬称	受信者名	使用例
様	個人名	福島一郎様
	会社名・職名・個人名	福岡商事株式会社　人事部長　中川次郎様
殿	職名	営業課長殿（「様」でもよい）
先生	教師・医師・議員・芸術家など	山口太郎先生
御中	会社・部課・官公庁・学校などの団体名	秋田株式会社御中 秋田株式会社　経理部御中 ＡＢＣ大学御中
各位	同じ内容の文書を多数宛に送るとき	お客様各位 新入社員各位 （最近は，「～の皆様（へ）」という表現が多くなっている）

②頭語と結語

　主文の書き出しと末文の締めくくりの言葉であり，文書の内容に応じて礼儀にかなった使い分けをする。頭語と結語は対で用いるため組み合わせを間違わないようにする。

　ただし，悔み状や見舞状など，文書の内容によっては頭語と結語を用いない場合がある。

　頭語は，字下げしないで行頭から書き始める。

文書の内容	頭　語	結　語
一般的な場合（取引文書など）	拝　啓	敬　具
特にあらたまった場合（儀礼／社交文書）	謹　啓	敬白／謹白／敬具
前文省略の場合	前　略	草　々
返信の場合	拝　復	敬　具

③時候の挨拶

　日常会話での「暑いですね」「良い気候ですね」などの挨拶にあたる。四季の移り変わりを意識し，実際の気候や受け取る相手の場所などを考慮して書く。

　頭語に続けて，「～の候」とする表現と，実際に感じる季節の言葉で柔らかく書く表現があるので，時と場合によって使い分けるとよい。ただし，事務的な文書では省略する場合もある。

	「～の候」で使える語句	「～の候」としない表現
1月	新春　初春（1/14まで）	新春のお慶びを申し上げます
	酷寒　厳寒	寒さことのほか厳しき折から
2月	厳冬（立春前日まで）	寒さ厳しき折から
	立春（2/4頃）	立春とは名ばかりで，厳しい寒さが続きますが
	余寒（立春以降）	余寒なお厳しき折から
3月	早春　春暖	日増しに暖かさを感じる頃となりました
4月	陽春　惜春	桜花爛漫の季節となりました
5月	新緑　薫風	新緑のまぶしい季節となりました
6月	初夏　梅雨　麦秋	雨にぬれる紫陽花が鮮やかです
7月	盛夏　猛暑　炎暑　酷暑	炎暑日ごとに厳しさを増し
8月	酷暑（立秋前日まで）	暑さいよいよ厳しき折
	残暑（立秋以降）	立秋とはいえ暑い日が続きます
9月	初秋　清涼	朝夕ようやくしのぎやすくなりました
10月	秋冷　錦秋	秋の夜長となりました
11月	晩秋　暮秋　向寒	紅葉の美しい季節となりました
12月	初冬　師走　歳晩	師走の慌ただしい季節となりました
通年	時下	

④安否の挨拶

時候の挨拶の後,相手の安否を気遣う言葉や健康を祝う言葉を書く。受信者が会社や団体か,個人によって用いる言葉に使い分けがあるので注意が必要である。

受信者の種類	用いる言葉	使用例
会社／団体	ご発展　ご隆盛　ご繁栄　ご隆昌　ご清栄	貴社ますますご発展のこととお喜び申し上げます
個　人	ご健勝　ご清祥　ご壮健　ご清栄（ご清栄は,会社／団体,個人に使うことができる）	○○様におかれましては,ますますご健勝のこととお喜び申し上げます。

⑤感謝の挨拶

安否の挨拶の後に,日頃の感謝の礼を述べる一文を加える場合がある。

平素は 日頃は 毎々	格別の 何かと 多大の	お引立 ご愛顧 ご高配	を賜り に預かり	厚くお礼／御礼申し上げます 心よりお礼／御礼申し上げます まことにありがとうございます

⑥締めくくりの挨拶（末文）

用件を伝えた後,主文の内容に応じた末文で締めくくる。

まずは	略儀ながら書中をもって 取り急ぎ お知らせかたがた	お礼／御礼 ご挨拶 お願い	申し上げます

5　社外文書と社内文書の相違

社外文書は,自社と他社との間でやりとりする文書である。自社の信用を高め取引の成立や継続につなげていく必要があるため,相手を尊重した正しい形式や礼儀正しい文章を書く必要がある。

一方,社内文書は,自社内だけで交換または伝達する文書であるため,効率が最優先であり,挨拶文等は不要である。

いずれの場合も男女による文章の違いはなく,情緒的に作成する必要はない。

社内文書と社外文書の表現の違いの例

	社外文書の表現	社内文書の表現
文　体	ございます・いたします	です・ます
敬　語	失礼のない表現で,簡潔にわかりやすく書く。 例）お願いいたします 　　お申し込みくださいますよう,よろしくお願い申し上げます	丁寧な言葉で簡潔に書く。 例）願います 　　お申し込みください／申し込んでください

演習問題

《演習問題》

1．次はお得意様への招待観劇会の詳細である。<u>標題</u>をつけて，<u>箇条書き</u>にしなさい。

> 観劇会は，平成〇年5月15日（水曜日）です。会場は，マロン劇場，大阪市阿倍野区天王寺町北1丁目（地図をご覧下さい）で，開場は1時からで，開演は2時からです。また，演目は，片平みな子主演の「女の一生」です。

解答欄

```
　　　　　　　＿＿＿＿＿＿＿＿＿＿＿＿＿＿＿＿＿＿＿＿
　　1．
　　2．
　　3．
```

2．次の語を数字の書き方に注意して書き直しなさい。
　1）にさんにち（　　　　）／ひゃくまんねん（　　　　　　）（概数を表す語）
　2）いっぱんてき（　　　　）／さんりんしゃ（　　　　　）
　3）さんさんごご（　　　　　）／おふたかた（　　　　　　）／みかづき（　　　　　　）
　4）ごおくえん（　　　　　　）（ケタの大きい数字）

3．次の〔語〕について，相手側に使うときの語（尊敬語）を書いてみなさい。
　　　　　　　　　自　分　側　　　　　相　手　側
　1）〔品物〕　　粗品，粗菓，粗飯　／（　　　　）（　　　　　）（　　　　　）
　2）〔住宅〕　　拙宅，小宅　／（　　　　　）（　　　　　）（　　　　　）
　3）〔父〕　　　父，老父　／（　　　　　）（　　　　　）（　　　　　）
　4）〔母〕　　　母　／（　　　　　）（　　　　　）（　　　　　）
　5）〔夫〕　　　夫，主人，宅　／（　　　　　）（　　　　　）（　　　　　）
　6）〔妻〕　　　妻，家内，愚妻　／（　　　　　）（　　　　　）
　7）〔息子〕　　息子，子供，愚息　／（　　　　　）（　　　　　）
　8）〔娘〕　　　娘，子供，長女（二女など）／（　　　　　）（　　　　　）（　　　　　）

4．次は，ビジネス文書によく使われる慣用表現である。〈　〉の意味を参考に（　）に適切な語を記入しなさい。

1）（　　　）は，格別のご愛顧を賜り，厚くお礼申し上げます。　　　　　〈いつも〉
2）（　　　）倍旧のご愛顧を賜りますよう，お願い申し上げます。　　　　〈どうか〉
3）勝手なお願いで（　　　）ではございますが，よろしくお願いいたします。〈申し訳ない〉
4）（　　　）ではございますが，ご（　　　）ください。〈つまらないもの〉〈気軽に受け取る〉
5）結構なお品をご（　　　）いただき，まことにありがとうございます。　〈贈ってもらう〉
6）（　　　）ながら（　　　）をもってお礼申し上げます。　〈簡略ですが〉〈この手紙〉
7）まずは，取り急ぎお礼（　　　）ご連絡申し上げます。　〈〜を兼ねて／〜とともに〉
8）時節柄，一層の（　　　）のほど，お祈り申し上げます。　　〈お体を大切に〉

Ⅱ　ビジネス文書の作成

1　取引文書

　取引文書は往復文書とも言われ，企業間での商取引のやりとりに使用する。口頭や電子メールでは証拠が残らないので，必ず文書での確認が必要となる。

（1）取引文書の種類

取引文書には以下のようなものがある。
①通知状：事務所等の移転，住所・電話番号の変更，採用，価格改定，製造状況，出荷などを通知する文書である。
②照会状：商品の在庫，販売の進捗，銀行口座の残高，人物評価，信用状況などを問い合わせて確認する文書である。
③回答状：質問や照会依頼に対して回答する文書である。
④注文状：商品，製品等の注文をする文書である。
⑤取消状：注文や依頼等に対し，取り消す文書である。
⑥依頼状：ビジネス上の諸々の事項について依頼をする文書である。
⑦承諾状：注文，申し込み，依頼，勧誘等の文書に対して承諾する文書である。
⑧交渉状：ビジネスを行う上での取引の交渉をする文書である。
⑨勧誘状：ある物事に対して，相手を誘い行動を起させる文書である。
⑩拒絶状：相手からの勧誘，依頼，申し込みなどを断る文書である。
⑪詫び状：当方の不手際，失態，契約不履行やミスにより，迷惑を掛けた場合の対処を伝える文書である。
⑫陳謝状：相手に対して当方が迷惑や損害を掛けた場合，事情を述べ謝罪する文書である。
⑬督促状：顧客との約束の期日が過ぎても支払いや契約書に記載された義務が履行されない場合に出す文書である。ビジネス関係が穏便に継続するために督促状を出す前に催促状を出す場合がある。
⑭送り状：商品や書類を発送する際に，発送人から受取人宛に発送品の明細を記載する文書である。
⑮帳　票：取引文書を作成する際，形式的な挨拶などを省き，取引に必要な事項だけを簡潔に記載できるように様式化したものを帳票という。取引日，取引先名，取引品名，条件，注文番号，数量などの項目をもれなく記入する。事務の効率化や業務時間の節減に役立つ。

Ⅱ　ビジネス文書の作成

　見積依頼書，見積書，注文書，納品書，物品受領書，請求書などがある。
⑯**領収証（書）**：売り手が買い手から商品代金を受け取った証として発行する書類である。

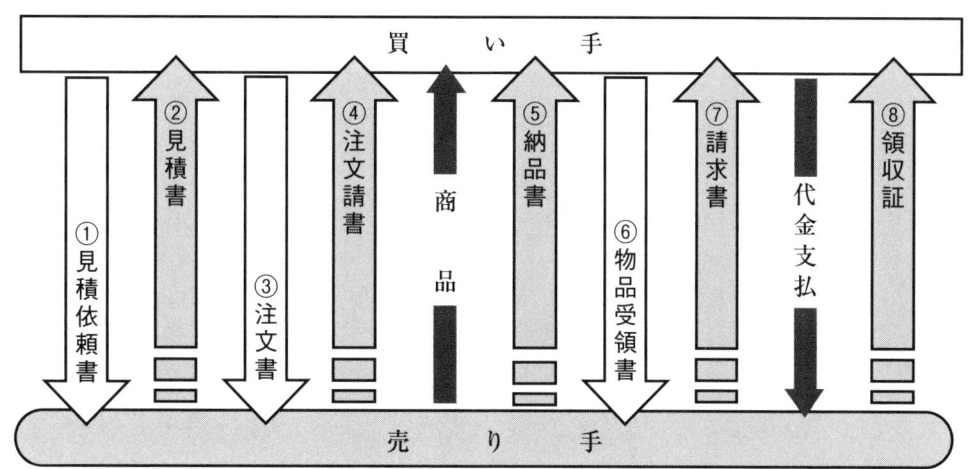

図2-1　取引にともなう流れ

（2）取引文書の形式と例

a．取引文書の形式と構成要素

```
                                                    ①文書番号
                                                    ②発信日付


  ③受信者名

                                                    ④発信者名㊞



                        ⑤件名／標題



     (頭語) ⑥前文 ..................................................


     ⑦主文    (さて,) ...............................................


        (つきましては,) ..............................................


     ⑧末文    (まずは,) ..............................................

                                                      (結語)


                        ⑨記書き／別記
                     1. ........................
                     2. ........................
                        ．
                        ．

  ⑩副文／追伸 （なお,）...............................................
  ⑪同封物指示 ......................................................

                                                    ⑫ （以上）
                                                    ⑬担当者名
```

b．取引文書の例

販発第123号

平成○年9月12日

東京商事株式会社

　　仕入部長　浜田　太一様

グローバル電器株式会社

販売部長　川田　次郎

新製品「超小型パソコン」内覧会のご案内

拝啓　初秋の候，貴社ますますご発展のこととお喜び申し上げます。平素は格別のご愛顧を賜り厚く御礼申し上げます。

　さて，このたび，当社がかねてから開発を進めてまいりました，超小型パソコン「ニューエラ」が完成いたしました。

　つきましては，発売に先立ち，日頃ご愛顧いただいておりますお得意様に，新製品の内覧会を下記のとおり開催いたします。消費者の皆様に喜んでいただけるものと確信いたしております。

　ご繁忙のことと存じますが，何とぞご参加いただきその真価をお確かめいただきますようお願いいたします。

　まずは，取り急ぎ，新製品内覧会のご案内を申し上げます。

敬具

記

1．日　時　平成○年10月9日（日）　10時～17時
2．場　所　神戸ビジネスセンター　イベントホール（10階）

　なお，当日は駐車場が大変混雑することが予想されますので，公共交通機関をご利用くださいますようお願い申し上げます。

同封物：カタログ一式

以　上

担当：販売部　岡田　隆

（内線　590）

（３）取引文書の構成要素

往復文書は，「前付け」「本文」「後付け／付記」の三つの部分から構成されている。さらに，この三つは，以下のように細分される。

前付け	①文書番号　②発信日付　③受信者名　④発信者名
本　文	⑤件名／標題　⑥前文　⑦主文　⑧末文　⑨記書き／別記
後付け／付記	⑩副文／追伸　⑪同封物指示　⑫以上　⑬担当者名

①文書番号：文書の参照や整理，保存のために各文書ごとにつけられる。発信部署の略称を用い，年度の初めからの通し番号をつけることが多い。
　　例）総発第0123号　→　総務部が発信した123番目の文書という意味。
　　　　軽易な文書には，文書番号をつけない場合もある。
②発信日付：文書を発信する年月日を入れる。元号か西暦かは，発信元の規程に従う。
　　例）平成○年９月５日（元号）　20○○年９月５日（西暦）
③受信者名：住所，企業名，役職名，氏名を正式名称で書き，敬称をつける。住所を省略する場合が多い。また，文書の内容に応じて企業名だけにすることもある。敬称は，職業や立場によって変わるので注意が必要である。会社名は，「(株)」などと省略せず「株式会社」と正式名称で書く。
④発信者名：受信者名と同じように，企業名，役職名，氏名を正式名称で書き，住所は省略されることがある。役職名は，受信者と同格またはそれ以上の役職にする。重要な文面の場合，氏名の後に押印をする。
⑤件名／標題：文書の目的・用件がすぐにわかるようなタイトルをつける。具体的で簡潔な言葉を使用し，短く表す。文書の種類を明確にするために，末尾に（照会）（依頼）（通知）（回答）などの目的を示す言葉を記入することもある。
⑥前　文：頭語に続き，時候の挨拶，相手の安否を気遣う言葉や感謝の言葉を書く。
⑦主　文：用件の中心となる部分である。「さて，」「早速ですが，」などで始め，用件をわかりやすく簡潔に述べる。
⑧末　文：「まずは，」「取り急ぎ，」などで始め，終わりの挨拶を入れ，結語で締めくくる。
⑨記書き／別記：日時，場所，内容などの詳細は，わかりやすいように箇条書きにする。
⑩副文／追伸：本文に書くほど重要でない事項について書く。「なお」などで書き始めることが多い。また，本文に補足が必要な場合は，「追伸」とする。
⑪同封物指示：資料，書類などを同封する場合は，その名称と数を明記しておく。
⑫以　上：文書の締めくくりを示す「以上」を忘れずに記入すること。
⑬担当者名：通常，文書の発信者名は責任者を記すので，実際の担当者と異なる場合が多い。問い合わせや事務連絡などに応じるために，担当者名，電話番号などを記入する。

Ⅱ　ビジネス文書の作成

（4）取引文書の例と作成要領

①通知状（価格改定通知）の例

```
                                                    平成○年5月1日
お取引先各位

                                         グローバル商事株式会社
                                         販売部長　浜田　純次


                        一部価格改定（お知らせ）


拝啓　新緑の候，ますますご清栄のこととお喜び申し上げます。平素は格別のご高配を賜り
厚く御礼申し上げます。
　さて，このたび原材料の高騰により，当社商品の一部につき7月1日から価格改定をさせ
ていただくこととなりました。平素のご愛顧にもかかわらず誠に心苦しく存じますが，お客
様の深いご理解を賜りますよう何とぞお願い申し上げます。
　まずは，書中をもちましてお知らせ申し上げます。
                                                        敬　具

                              記

            新価格：バスマット      A-001    3,000円／枚
                   玄関マット      B-555    5,000円／枚
                   カーテン生地    No.700   2,500円／m
                   テーブルクロス  No.800   3,500円／m


       同封物：新カタログ
                                                        以　上
```

〈作成のポイント〉

a）通知状（価格改定）はお知らせや連絡であって，多くは受信者から返信や回答を求めない文書である。
b）商取引を円滑に進めるためにできるだけ早い時期に通知する。
c）価格改定は金額，改定時期が重要であるので，通知状の内容に誤りがないように十分な確認をする。
d）末文に「まずは，書中をもちましてお知らせ申し上げます」「まずは，ご通知申し上げます」などの慣用句を用いるとよい。

1　取　引　文　書

②照会状（商品在庫）の例

　　　　　　　　　　　　　　　　　　　　　　　　　　　　　企発第90号
　　　　　　　　　　　　　　　　　　　　　　　　　　　　平成○年7月15日

エスジェ産業株式会社
　販売課長　棚上　太郎　様

　　　　　　　　　　　　　　　　　　　　　　　　東京商事株式会社
　　　　　　　　　　　　　　　　　　　　　　　販売企画課長　河野　正和㊞

　　　　　　　　　　　　健康サポート商品在庫のご照会

拝啓　酷暑の候，貴社ますますご発展のこととお喜び申し上げます。平素は格別のお引立てを賜り，厚く御礼申し上げます。
　さて，当社では「秋の健康増進拡販キャンペーン」を計画しており，貴社の商品をキャンペーン用に販売する予定でございます。
　つきましては，貴社の下記商品の在庫状況をお伺いいたします。ご回答を7月20日までにいただけると幸甚に存じます。
　まずは，在庫のご照会依頼まで。
　　　　　　　　　　　　　　　　　　　　　　　　　　　　　　　　敬　具

　　　　　　　　　　　　　　　　　記

品　名	品　番	価　格
1．速乾ポロシャツ		
紳士用	K１０１	3,500円
婦人用	F２０１	3,000円
2．散歩の友ポーチ	SP０３	2,000円
3．ジョギングの友	JG０５	3,000円
4．安眠枕	AM０８	8,000円

　　　　　　　　　　　　　　　　　　　　　　　　　　　　　　　以　上

〈作成のポイント〉
　a）商品在庫の照会は，品名，品番，数量，価格などを明記する。
　b）箇条書きや記書きで照会依頼するとよい。
　c）回答期限を入れておくこと。

Ⅱ ビジネス文書の作成

③回答状（商品在庫）の例

販発第071号

平成○年7月17日

東京商事株式会社

　販売企画課長　河野　正和　様

エスジェ産業株式会社

販売課長　棚上　太郎㊞

健康サポート商品在庫について（ご回答）

拝復　盛夏の候，貴社ますますご繁栄のこととお喜び申し上げます。平素は格別のご高配を賜り厚く御礼申し上げます。

　さて，貴信「企発第90号」の在庫確認のご依頼につきまして，7月17日現在の在庫状況は下記のとおりです。

　取り急ぎ，在庫のご回答を申し上げます。

敬具

記

品　名	品　番	数　量	価　格
1．速乾ポロシャツ			
紳士用	K１０１	1,000	3,500円
婦人用	F２０１	500	3,000円
2．散歩の友ポーチ	SP０３	300	2,000円
3．ジョギングの友	JG０５	100	3,000円
4．安眠枕	AM０８	10	8,000円

以　上

〈作成のポイント〉

a）この文書は先の照会状に対する回答である。

b）できるだけ早く回答することで相手の信用を得る。

c）回答に時間がかかる場合は「現在調査中のため，○月○日ごろ回答する」旨の返信をしておく。

d）記書きや箇条書きを用いて簡潔に回答する。

1　取　引　文　書

④注文状（商品注文）の例

```
                                                        総発1202号
                                                        平成〇年12月2日

　ピーシーコム株式会社
　　営業部長　中川　清人　様

                                            奥野木材株式会社
                                            総務部長　田上　圭介㊞


                        パソコン用フラッシュメモリーの注文について


拝啓　初冬の候，貴社ますますご隆盛のこととお喜び申し上げます。
　さて，貴社カタログの100ページに掲載されていますパソコン用フラッシュメモリーを
下記のとおり注文いたします。
　お手配のほど，よろしくお願い申し上げます。
                                                              敬　具

                                  記


    1．品名　品番    フラッシュメモリー，SB2，4GB
    2．数　　　量    赤，青，白　各100個　合計300個
    3．単　　　価    1,680円
    4．納　　　期    平成〇年12月7日　必着
    5．納　入　先    当社東大阪工場（東大阪市菱屋西5-4-10）
    6．支　払　方　法  月末締切　翌月20日銀行振込
                                                              以　上
```

〈作成のポイント〉
a）品名，品番，数量，単価，納期，納入場所，支払条件，その他を明確に書く。
b）現在では電話や電子メールでの注文が行われているが，聞き間違いや入力ミスなどが発生することもあるので，確認のために，追って文書での伝達が必要となる。

⑤取消状（注文取り消し）の例

```
                                                    総発第1205号
                                                    平成○年12月5日

ピーシーコム株式会社
　営業部長　中川　清人　様

                                        奥野木材株式会社
                                        総務部長　田上　圭介㊞

                        注文の取り消しについて

前略　当社12月2日発信の「総発第1202号」による注文は，当社の都合により取り消しさ
せていただきたくお願い申し上げます。当社，東大阪工場でのプロジェクトが1年延期にな
りました結果，一旦取り消しをお願いする次第でございます。
　ご迷惑をお掛けいたしますこと，お詫び申し上げます。事情ご賢察の上，何とぞご了承い
ただきますようお願い申し上げます。
　まずは，取り急ぎ注文取り消しのお願いまで。
                                                            草々
```

〈作成のポイント〉

a）当方の都合で取り消す場合は，できるだけ早く取消状を出す。文書による取り消しの前に電話で連絡する。
b）取り消す理由や事情を説明した文書とする。
c）迷惑を掛けることになるので，お詫びの気持ちを表した誠実な文書とする。
d）先方の非により取り消す場合は，取り消す理由をはっきりと述べる。

1 取引文書

⑥依頼状（原稿執筆）の例

平成○年2月10日

室町礼法研究所
 所長　山野　誠司　先生

           若葉ビジネス出版社
           編集長　頼朝　雅子㊞

      ご寄稿のご依頼

拝啓　余寒の候，先生におかれましては，ますますご清祥のこととお喜び申し上げます。
　さて，過日は私ども顧問の持田陽一から，小社月刊誌「若葉」の礼法特集号にご執筆をお願いいたしましたところ，ご快諾賜り誠に有り難く厚く御礼申し上げます。
　日本古来の伝統礼法にご造詣の深い山野先生にご寄稿賜りますことは誠に光栄でございます。読者は日本の礼法の奥深さに関心と興味を深めることと存じます。
　あらためまして，下記のとおりお願い申し上げます。ご不明な点がございましたら，ご遠慮なく当方までご連絡いただきますようお願い申し上げます。
　ご多用中誠に恐縮でございますが，何とぞよろしくお願い申し上げます。

                 敬　具

        記

   1．テ ー マ　「日本古来の礼法について」
   2．字　　数　4,000字
   3．締切日　平成○年3月31日
   4．謝　　礼　30,000円

                 以　上

〈作成のポイント〉

a）相手に対して一方的な依頼の文面にならないように，礼を尽くし，丁寧で相手が快く引き受けてくれるような説得力のある文面にする。

b）依頼する事項（内容，日時，テーマ，締切日，条件，金額，返済方法など）を明確に記載する。

⑦承諾状（原稿執筆）の例

平成○年2月12日

若葉ビジネス出版社

　編集長　頼朝　雅子　様

　　　　　　　　　　　　　　　　　　　　　　　室町礼法研究所

　　　　　　　　　　　　　　　　　　　　　　　　所長　山野　誠司㊞

　　　　　　　　　　　原稿執筆の承諾について

拝復　余寒の候，貴社ますますご発展のこととお喜び申し上げます。

　さて，平成○年2月10日付け貴簡にございました貴月刊誌「若葉」の礼法特集号への原稿執筆に関しまして，承知いたしました。

　貴社顧問の持田陽一様には，私が所長就任以前からひとかたならぬお世話になり，いつかご恩返しをさせていただきたいと，かねてより存じておりました。この機会にお役に立てることができますれば幸甚に存じます。

　早速ご依頼のテーマで執筆を始めたいと存じます。

　まずは，原稿執筆ご依頼の承諾のご通知を申し上げます。

　　　　　　　　　　　　　　　　　　　　　　　　　　　　　　敬　具

〈作成のポイント〉

a）承諾状は注文，申し込み，依頼，勧誘等の文書に対して承諾する文書である。

b）依頼主は返答を待っているので，早急に返答する。

c）承諾の場合は明確に承諾した旨を書く。すべて承諾できない場合は理由を添えてその旨を伝え，承諾の部分を明瞭にする。

d）頭語は「拝復」，末文は「まずは，承諾のご通知まで」「取り急ぎ返信まで」などの慣用句を使用するとよい。

⑧交渉状（値上げ）の例

```
                                                        平成○年2月5日

  ABC商事会社
      購買部長　白井　太郎　様

                                              岡山工業株式会社
                                              販売部長　畑野　圭介㊞

                        当社製品値上げについて

  拝啓　時下ますますご清栄のこととお喜び申し上げます。平素は格別のご愛顧を賜り，厚く
御礼申し上げます。
  さて，昨今の原材料費および人件費の高騰は著しく，このような状態が続きますと，当社
のような企業におきましては，内部努力では到底解決できない状況でございます。
  つきましては，誠に勝手ではございますが，4月以降の貴社への当社製品の納入価格に関
しまして5％の値上げをお願いいたしたく存じます。貴社へは5年前から価格を据え置きと
させていただいておりましたが，ご理解いただきますようお願い申し上げます。
  何とぞ事情ご賢察の上，ご了承いただきますようお願い申し上げます。
                                                            敬　具
```

〈作成のポイント〉

a）ビジネスでは，取引の交渉は頻繁に行われる。一方通行の強引な交渉では相手は受けがたい。先方の心情を勘案しながら当方の意図を説明し，合意を得る努力をする。

b）先方に少しでも感情的に受け入れやすいようにする。慣用句として「誠に申し上げかねますが」「勝手なお願いでございますが」のような文言がある。

c）末文に「何とぞご了承賜りますように」「ご承諾くださいますようお願い申し上げます」「ご回答をお待ち申し上げます」などの言葉を使用する。

⑨勧誘状（入会）の例

平成○年３月５日

兵庫薬品株式会社
　総務部長　黒川　次郎　様

近畿総務協会
理事長　大森　茂㊞

近畿総務協会へのご入会について

拝啓　早春の候，貴社ますますご清栄のこととお喜び申し上げます。
　さて，私ども近畿総務協会は近畿地区の企業の総務職に就いていらっしゃる管理職の方々による総務業務についての研究を趣旨といたしております。
　各企業の総務職の管理職者がお互いの課題を持ち寄り研究し，現状をよりよいものにしていくよう努めております。
　つきましては，当協会の案内書を同封いたしましたので，ご検討いただき，是非ともご入会いただきますようお願いいたします。

敬　具

　　　同封物：近畿総務協会案内書　　１通
　　　　　　　申込書　　　　　　　　１通

以　上

〈作成のポイント〉
　a）押しつけることなく先方が快く勧誘を受けてくれるような文書にすること。
　b）内容や趣旨が明確になっていること。
　c）勧誘に力みすぎて誇大な内容にならないように注意する。

1　取引文書

⑩拒絶状（入会）の例

>
> 　　　　　　　　　　　　　　　　　　　　　　　　　　平成○年３月７日
>
> 近畿総務協会
> 　　理事長　大森　茂　様
>
> 　　　　　　　　　　　　　　　　　　　　　　　　兵庫薬品株式会社
> 　　　　　　　　　　　　　　　　　　　　　　　総務部長　黒川　次郎㊞
>
> 　　　　　　　　　　　近畿総務協会への入会の辞退
>
> 　拝復　貴協会ますますご隆盛のこととお喜び申し上げます。
> 　　さて，過日は貴協会への入会のご案内状をいただきありがとうございました。
> 　　他社の動向等も研究させていただきたく，貴協会への入会を望むところではございますが，すでに他の総務研究会に所属し，会長をいたしております関係上，上部から許可がおりず，せっかくのお申し越しでございますが，今回は残念ながら辞退させていただきます。何とぞご了解賜りますようお願い申し上げます。
> 　　　　　　　　　　　　　　　　　　　　　　　　　　　　　　　　敬　具

〈作成のポイント〉

a）相手からの勧誘状，依頼状，申込状などにその意志，依頼に添えないことを伝え，断る書状である。
b）返事は早くする。返事が遅れると相手に承諾を期待させることになりかねない。
c）相手の感情を害さないように丁寧な言葉遣いを用いる。しかし誤解をされないように断る意向ははっきりと述べる。
d）相手の立場を勘案した配慮のある，納得のいく返信であること。
e）慣用句として「長年のご愛顧に報いるため，ぜひお引き受けしたいところではございますが～」「せっかくのお申し越しではございますが，不本意ながら（残念ながら），貴意（ご依頼，ご期待）に添いかねます」「はなはだ心苦しく存じますが，今回は見送ることになりました」「お役に立てず，申し訳ございません」「事情ご賢察の上，ご了解いただきますよう～」などがある。

⑪詫び状(数量不足)の例

```
                                             物発第 0509 号
                                             平成○年 5 月 9 日

株式会社東北商事
　　購買部長　久保　光男　様

                                       北海産業株式会社
                                         物流部長　南原　武雄㊞


                        数量不足のお詫び


拝復　平素は格別のご愛顧を賜り，厚く御礼申し上げます。
　さて，このたび貴社からのご注文品「フクロウの置物」(貴注発 05 号)を発送いたしまし
たが，数量が不足しているとのご指摘を受けました。
　早速調査いたしました結果，貴社からの電話での追加注文分を失念していることが判明い
たしました。至急不足分の 50 個を追送いたします。
　ご迷惑をお掛けいたしましたこと，お詫び申し上げます。今後は電話での追加注文に対す
る対処法を検討し，業務を改善いたしますので，ご寛容のほどお願い申し上げます。
　まずは，取り急ぎお詫び申し上げます。
                                                   敬　具
```

〈作成のポイント〉
　a)　陳謝状と同じく当方の不備，不注意，不始末等に対して，まずお詫びする。
　b)　苦情に対して，対処したことを述べる。
　c)　今後十分注意し，同じような過ちで迷惑を掛けないように苦情に対し対応策を図ったこと
　　などを述べる。

⑫陳謝状（受付不手際）の例

平成○年4月9日

E．N．ジャパン株式会社
　専務取締役　乾　三郎　様

楠木商事株式会社
総務部長　棚田　稔㊞

　拝復　陽春の候，貴社ますますご清栄のこととお喜び申し上げます。平素は格別のご愛顧を賜り，厚く御礼申し上げます。
　さて，このたびは当社社員の受付応対につき，ご注意，ご指摘をいただき，ありがとうございました。過日はご無礼な応対をいたしたとのこと，申し訳なく深くお詫び申し上げます。
　日ごろからお客様には，たとえ受付が混雑していようとも，落ち着いて冷静に応対するように指導しておりますが，入社早々の社員は混雑時の応対に慣れておらず，大変失礼いたしました。
　今後はさらに厳しく指導いたしてまいりますので，今回はご容赦いただけますようお願い申し上げます。
　今後ともお気づきのことがございましたら，ご指導ご鞭撻賜りますようお願い申し上げます。
　まずは，取り急ぎお詫び申し上げます。

敬　具

〈作成のポイント〉
a）陳謝状なので件名を省いたほうがよい。
b）当方の過失や不手際に対して誠実に，お詫びの気持ちを表す文書とする。
c）できるだけ早く出す。
d）慣用句として「このたびは多大な（大変）ご迷惑をお掛けし，誠に申し訳なく深くお詫び申し上げます」「今後はこのようなご迷惑をお掛けしないよう十分注意いたしますので，ご容赦いただきますようお願いいたします」などがある。

⑬督促状（売掛代金支払い）の例

平成○年8月17日

赤松商事株式会社
　社長　赤松　三郎　様

　　　　　　　　　　　　　　　　　　　　　　茨木工業株式会社
　　　　　　　　　　　　　　　　　　　　　　　経理部長　村木　陽平㊞

　　　　　　　　　　　　　督　促　状

前略　用件のみ申し上げます。
　さて，貴「注文番号IL20」の売掛代金のお支払いについて，すでにお支払期日が過ぎ，催促状をお送りいたしましたが，8月16日現在送金いただいておりません。至急ご送金くださいますようお願い申し上げます。
　なお，8月31日までにお支払いがない場合，やむを得ず法的処置を取らせていただきますのでご了承ください。
　　　　　　　　　　　　　　　　　　　　　　　　　　　　　　　　　　草　々

　　　　　　　　　　　　　　記

　　　　　　振　込　先：　レモン銀行茨木支店
　　　　　　口座番号：　普通0012345
　　　　　　名　　　義：　茨木工業株式会社　茨木太郎
　　　　　　請　求　額：　500,000円（税込み）

　　　　　　　　　　　　　　　　　　　　　　　　　　　　　　　　　　以　上

〈作成のポイント〉

a）契約した支払い条件どおり履行されない場合に，まず催促状を出す場合がある。

b）催促状を出したにもかかわらず何ら誠意が見られず，義務不履行が続く場合，督促状を出す。法的な手続きを行う場合は内容証明郵便で出す。

c）督促状は，それまでのビジネス関係を崩してしまわないように高飛車な態度に出ず，丁寧に穏便に，しかし，きっぱりとした態度で臨む。

d）振込先，口座番号，名義，請求額などを明記し，迅速に支払いができるような文章にすることが大切である。

1　取引文書

⑭送り状（カタログ，価格表）の例

平成○年9月15日

愛知開発工業株式会社
　　総務課　田辺　幸一様

東京都中央区一丁目1番
相互信頼株式会社

カタログ，価格表ほか　送付のご案内

拝啓　時下ますますご隆盛のこととお喜び申し上げます。平素は格別のお引き立てに預かり厚く御礼申し上げます。
　さて，次のとおりご送付いたします。ご査収くださいますようお願い申し上げます。

敬　具

記

1．平成○年版カタログ
2．平成○年版価格表
3．注文書

以　上
担当　森下

〈作成のポイント〉

a）送付案内状は，企業ではふつう標準的な文例を印刷したものを用意しており，そのつど，必要事項を入力（書き込み）し完成させる。

b）この送付状は，下線の部分を入力（書き込み）したものである。

c）送付者がいつ，誰に，何を送付したかの記録，証拠になる。

⑮ 帳　票

帳票化されているものには，以下のような種類がある。

a．見積依頼書：買い手が売り手に商品の価格や条件等を前もって問い合わせる書類
b．見　積　書：売り手（受注者）や工事請負業者が商品価格，工事等の費用，必要経費，取引条件などを買い手（発注者）や依頼者に回答する書類
c．注文書：買い手が注文したい商品名，数量などを書き記した書類
d．納品書：買い手が注文した商品を，売り手が納入する際に，その明細を記した書類

〈見積書の例〉

〈作成のポイント〉
a）日付，宛名，買い手の記載はもちろんのこと，品名，数量，単価，見積合計，納品場所，納期，支払条件等を明記する。

〈納品書の例〉

〈作成のポイント〉
a）この納品書は上記の見積を受けて，受注したものを納品したものである。
品名，品番，合計金額，消費税等を明記する。

e．物品受領書：買い手が受領した商品が納品書どおりであるかを確認して，売り手に渡す書類
f．請求書：商品の代金を請求する書類

〈請求書の例〉

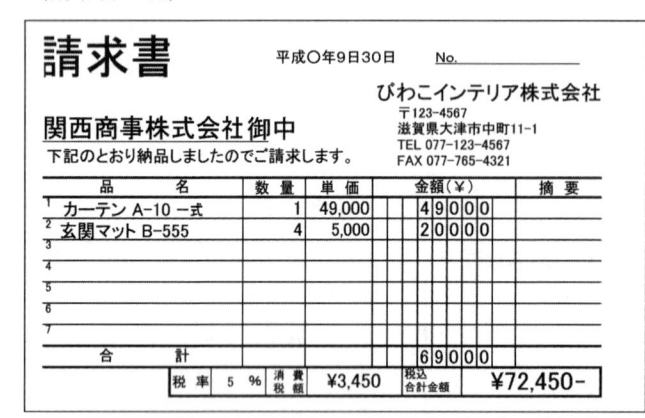

〈作成のポイント〉
a）納品書の内容と合致する品名，数量，単価，合計金額，消費税を明記する。
b）市販の請求書には宛名の敬称が「様（殿）」と印刷されていることが多い。
会社など団体宛の場合は「御中」に書き直すとよい。

⑯領収証（書）

領収証（書）は売り手が買い手から商品代金を受け取った証として渡す書類である。

〈領収証の例〉

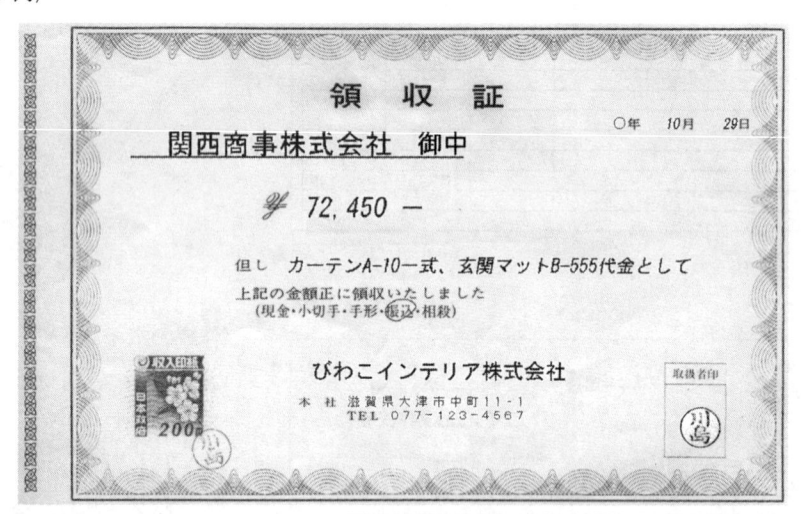

〈作成のポイント〉
a）領収金額，領収日付，宛名（買い手名），但し書き（受領した金額に対する商品名などを書く），領収印，受取人（売り手）は，必要事項である。
b）受領金額によって収入印紙を貼付する場合がある。

（5）パソコンによる文書作成

　現在ではビジネス文書はそのほとんどがパソコン（ワープロ，表計算）で作成されている。手書きに比べ個性は出ないが，迅速性，読みやすさ，仕上がりの統一性，訂正の簡易さ，保存の容易性など多くの利便性があり，パソコンによるビジネス文書の作成頻度は高い。しかしながら，あらたまったときや儀礼的なものは手書きで作成されることが多い。

　丁寧に書かれた手書きは相手に真心を伝えることができるのでパソコンは万能ではないことを覚えておきたい。

①ワープロでの文書作成のポイント
　a）使用する用紙サイズはＡ４判，横書きが一般的。
　b）「Microsoft Word」で作成する場合のデフォルト値（初期設定値）は以下のとおりである。
　　　Ａ４判の用紙では，１行の文字数40字，１ページの行数36行
　　　　　　　文字サイズ　10.5ポイント
　　　　　　　フォント MS 明朝（日本語），Century（アルファベット）
　　　　　　　余白は上部35mm，下部と左右は30mm
　　　しかし，文書の量や内容により適宜設定を変更し，できるだけ１ページで仕上げるようにする。
　c）余白は上部より下部が広くなるように仕上げると，レイアウト上，美しい。
　d）手紙文では，内容が少ない場合でも，用紙の半分以上にわたるように仕上げる。
　e）他人の名前は二分に切らない。他人の名前は行末にならないように作成する。
　f）「て，に，を，は，が，の」のような助詞はできるだけ行頭にこないようにする。

1 取引文書

②ワープロでの文書作成の例

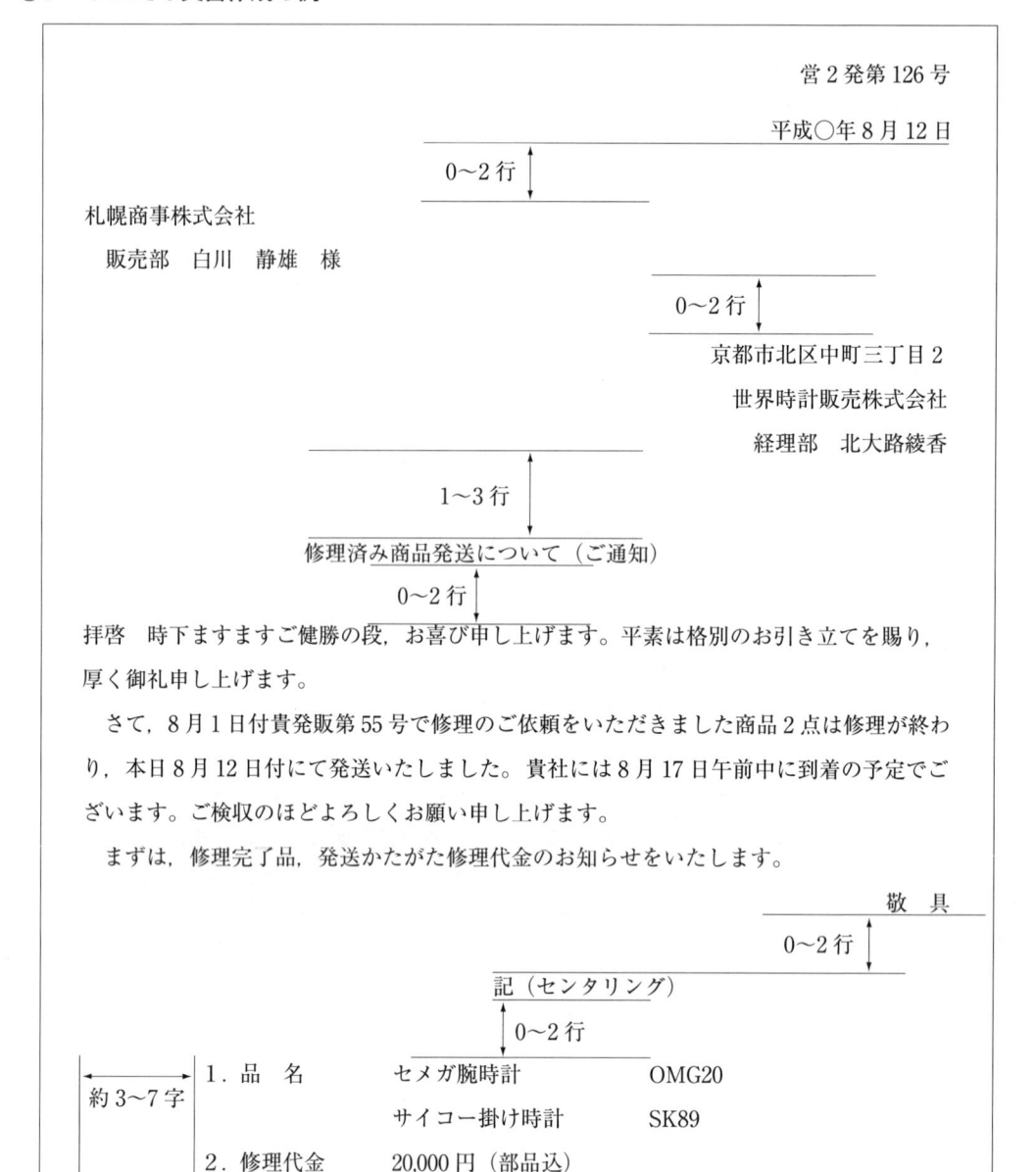

営2発第126号

平成○年8月12日

0～2行

札幌商事株式会社

　販売部　白川　静雄　様

0～2行

京都市北区中町三丁目2

世界時計販売株式会社

経理部　北大路綾香

1～3行

修理済み商品発送について（ご通知）

0～2行

　拝啓　時下ますますご健勝の段，お喜び申し上げます。平素は格別のお引き立てを賜り，厚く御礼申し上げます。

　さて，8月1日付貴発販第55号で修理のご依頼をいただきました商品2点は修理が終わり，本日8月12日付にて発送いたしました。貴社には8月17日午前中に到着の予定でございます。ご検収のほどよろしくお願い申し上げます。

　まずは，修理完了品，発送かたがた修理代金のお知らせをいたします。

敬　具

0～2行

記（センタリング）

0～2行

約3～7字

1．品　名　　セメガ腕時計　　　OMG20

　　　　　　　サイコー掛け時計　SK89

2．修理代金　20,000円（部品込）

0～1行

以　上

担当　経理課

（橋本直人）

＊行について：0行とは，次行との間に空間行がないこと。
　　　　　　：1行とは，次行との間に1行の空間行があること。

（6）校正記号

ワープロで作成した書類や印刷業者などに依頼した印刷物などに，文字の誤りや不備がある場合，校正記号を使用して赤字で処理の指示を行う。

主な校正記号と使用例

	校正記号の意味	校正記号	校正後
1	字句を挿入	香里丘（ヶ）	香里ヶ丘
2	字句を削除（後ろは詰める）	ビジネス文書の作成（トル） ビジネス文書の作成（トルツメ）	ビジネス文書作成 ビジネス文書作成
2	字句を削除（後ろは詰めない）	ビジネス文書の作成（トルアキ） ビジネス文書の作成（トルマス）	ビジネス文書　作成 ビジネス文書　作成
3	字句をかえる	豪華なイタリア料理（フランス）	豪華なフランス料理
4	字間を空ける	株式会社びわこ商事	株式会社　びわこ商事
5	字間を詰める	株　式　会　社	株式会社
6	字句／行などを入れ替える	石材国際建築賞 期日　3月18日(日) 会費　2,000円 場所　市民ホール	国際石材建築賞 期日　3月18日(日) 場所　市民ホール 会費　2,000円
7	前の行末へ移す	クリスマス献金（献品 ）にご協力ください。	クリスマス献金（献品） にご協力ください。
8	次の行頭に移す	・会社員　・学生	・会社員 ・学生
9	行単位で削除	営業1課　5月20日 営業1課　5月25日（トルツメ） 営業2課　5月30日	営業1課　5月20日 営業2課　5月30日

1　取引文書

10	行単位で挿入	営業1課　5月20日 営業2課　5月30日 営業1課 5月25日	営業1課　5月20日 営業1課　5月25日 営業2課　5月30日
11	行間を詰める	1. 日時 2. 会場	1. 日時 2. 会場
12	行間を空ける	1. 日時 2. 会場	1. 日時 2. 会場
13	行を続ける	‥‥‥考えます。 この時点で‥‥‥	‥‥‥考えます。この時点で‥‥‥
14	行を新しく起こす	‥‥‥申し上げます。さて，本年も事業の‥‥‥	‥‥‥申し上げます。 さて，本年も事業の
15	指定位置まで 　字句／行などを移動	お知らせください。 　　以上 お知らせください。 　　以上 お知らせください。 　　以上 お知らせください。 　　以上	お知らせください。 　　　　　以上 お知らせください。 　　　　　以上 お知らせください。 以上 お知らせください。 以上
16	字句／記号などを 　上付き、下付にする	H₂O H⁺	H₂O H⁺
17	訂正を取り消す	私たちは信頼と誠実を 私たちは信頼と誠実を	私たちは信頼と誠実を
18	書体をかえる （例ミン…明朝体， 　　ゴ…ゴシック体）	クリスマスセール	クリスマスセール
19	ポイントをかえる （文字の大きさ）	クリスマス　15ポ	クリスマス

II　ビジネス文書の作成

《演習問題》

取引文書の作成

1．次は領収証の送り状である。下線部分に適切な言葉を書き入れ完成させなさい。

平成○年 11 月 20 日

中部産業株式会社
　経理部長　九重　次郎　様

株式会社　名古屋興業
経理部長　畠　光雄

拝復　①_____の候，貴社ますます　②_____のことと　③_____申し上げます。平素は　④_____を賜り，厚く　⑤_____申し上げます。
　　　⑥_____，ご依頼の領収書をお送りいたしますので，　⑦_____くださいますようお願い申し上げます。
　　　⑧_____，ご不明な点がございましたら，ご遠慮なくご連絡いただきますようお願い申し上げます。
　　　⑨_____，領収書のご送付まで。　　　　　　　　　　　　　⑩_____

---

①	②	③	④	⑤
⑥	⑦	⑧	⑨	⑩

演 習 問 題

2．下記のメモを参考に下線部分に適切な言葉を書き入れ，講演依頼文を完成させなさい。

- 発信者　栄養食品株式会社　人事部長　武田要一
- 受信者　近畿経済大学　教授　鈴木一郎
- 日　時　平成〇年11月16日（金）午後2時〜4時
- 場　所　本社大会議室
- テーマ　「平成〇年の経済情勢について」

平成〇年9月10日

近畿経済大学
　　　①

　　　　　　　　　　　　　　　栄養食品株式会社
　　　　　　　　　　　　　　　　　②

　　　　　　　③

　④　　⑤　の候，鈴木一郎先生におかれましてはますます　⑥　のこととお喜び申し上げます。
　　⑦，かねてよりご内諾いただいておりました当社でのご講演を，下記のとおり企画いたしました。ここにあらためて書面にてご依頼申し上げます。当日は貴重なご高話を拝聴できますことを楽しみにいたしております。
　　⑧，ご講演のご依頼を申し上げます。

　　　　　　　　　　　　　　　　　　　　　⑨

　　　　　　　　　　　⑩

　　　1．　⑪
　　　2．　⑫
　　　3．　⑬

　　　　　　　　　　　　　　　　　　　　　⑭

①	②	③	④	⑤
⑥	⑦	⑧	⑨	⑩
⑪	⑫	⑬	⑭	

Ⅱ　ビジネス文書の作成

3．次の内容を参考に下線部を埋めて事務所移転の通知文を完成させなさい。

```
・全取引先宛
・神戸事務所が移転します
・移転先は〒651-0001　神戸市中央区栄通り3-5　栄ビル
・業務開始は平成○○年11月1日（月）からになります
・電話番号の変更はありません
・地図を添付します
```

平成○年10月1日

①＿＿＿＿＿＿＿＿＿＿

近代アート販売株式会社

総務部長　伊藤　勝也

＿＿＿＿＿②＿＿＿＿＿のご通知

拝啓　③＿＿＿＿＿＿＿＿＿＿＿＿＿＿＿＿＿＿＿＿＿＿＿＿＿＿。
平素は　④＿＿＿＿＿＿＿＿＿＿＿＿＿＿＿＿＿＿＿＿厚く
御礼申し上げます。
　　＿⑤＿当社＿＿⑥＿＿＿が下記のとおり移転いたします。
新事務所は，ショールームが広く商品が見やすくなりました。
　神戸事務所移転を機に，さらに皆様のご要望に応えられるよう，サービスの向上に努める所存でございます。今後とも変わらぬ＿⑦＿をお願い申し上げます。
　まずは，＿＿＿＿⑧＿＿＿＿ご通知申し上げます。

敬　具

記

1．移　転　先：　⑨＿＿＿＿＿＿＿＿＿＿
2．業務開始日：　⑩＿＿＿＿＿＿＿＿＿＿
3．電　話　番　号：　⑪＿＿＿＿＿＿＿＿＿＿
4．そ　の　他：　⑫＿＿＿＿＿＿＿＿＿＿

以　上

①	②	③	④	⑤
⑥	⑦	⑧	⑨	⑩
⑪	⑫			

演習問題

4．下記のメモを参考に発送通知状を作成しなさい。

- ・受信者　鎌倉商事株式会社　総務部長　山田太郎
- ・発信者　春野ビジネス家具株式会社　流通部長　林田育夫
- ・文書番号（先方　総発0820号）
- ・文書番号（当方　流通発825号）
- ・アルミパイプ椅子「Aタイプ」発送の通知をする
- ・8月26日には配送される予定である
- ・数量　5箱（1箱10脚入り）　価格　150,000円　消費税　7,500円
  　　　　　　　　　　　　　　　　　　　合計　157,500円
- ・検収後，送金をお願いする
- ・発信日　平成〇年8月25日

Ⅱ　ビジネス文書の作成

ワープロでの文書作成

5．下記のメモを参考に発送通知状をワープロで作成しなさい。

- ・森野商事株式会社　総務部長　林　太郎宛
- ・京都インテリア家具株式会社　流通部長　小池　実男　から
- ・文書番号　流通発第1202で発送の通知をする
- ・12月1日の注文
- ・12月4日には配送される予定である
- ・注文品　　高級革張チェアー　No.3
  　　　　数　量　　1脚
  　　　　価　格　　300,000円
  　　　　消費税　　 15,000円
  　　　　合　計　　315,000円
- ・検収後，送金をお願いする
- ・平成○年12月2日付け

Ⅱ章1　演習問題

演 習 問 題

6．下記のメモを参考に依頼状をワープロで作成しなさい。

・大西洋大学経済学部　藤原寿史教授宛
・平成商事株式会社　販売部長　近藤祥一より
・管理職以上の社員の研修会を開催するので経済学に造詣の深い先生に講演を依頼したい
・日時　平成〇年10月16日（金）13：00～15：00
・会場　本社大会議室
・講演のテーマ　「今後の日本の経済問題」
・謝礼　50,000円（税込み）のほかに交通費実費
・配付資料があればこちらで印刷するので原稿をデータで送って欲しい
・発信日　平成〇年8月25日

校正記号

7. 次は，新商品内覧会の案内の文書である。校正記号を用いて完全な手紙文ができあがるように直しなさい（発信日付は訂正してはいけません）。

　　　　　　　　　　　　　　　　　　　　　　　　　　　　　　　　平成〇年9月15日

お得意様

　　　　　　　　　　　　　　　　　　　　　　　　（株）エイ・エム商事
　　　　　　　　　　　　　　　　　　　　　　　　　　販売部長　井上　光太郎

　　　　　　　　　　　　　　　新商品展示会のご案内

　拝啓　炎暑の候，貴社ますますご健勝のこととお喜び申し上げます。平素は格別の愛顧を賜り厚くお礼申し上げます。
　さて，このたび弊社では，開発を進めてまいりました空気清浄機エアマスタ「ＡＭＫ１０２」を発売することになりました。「ＡＭＫ１０２」は，従来の製品と比べその性能は一段とよく，また，湿度の保持管理が自動になり大変便利になりました。新型インフルエンザの予防対策としても価値の高い商品でございます。つきましては，発売に先立ち，日頃ご愛顧を賜っておりますお得意様方に拝見いただきたく，下記の通り展示会を催すことにいたしました。ご多用中のことと存じますが，万障お繰り合わせの上，何とぞ来てくださいますようお願い申し上げます。
　まずは，りゃくぎながら暑中をもってご案内申し上げます。

　　　　　　　　　　　　　　　　　　記

　　　　　　1．日　時　　平成〇年9月25日（水）　午後1時～5時
　　　　　　2．場　所　　貴社5Ｆ　ショールーム

　　　　　　　　　　　　　　　　　　　　　　　　　　　　　　　　　　以　上

2 社内文書

　社内文書とは，自社内（本社・支社・営業所／本店・支店／部署間など）で交わされる文書である。意思の伝達を優先するため儀礼的な要素を省略し，実用的で簡潔に作成する必要がある。

（1）社内文書の種類

　社内文書には，以下のようなものがある。

①命令，指示，決裁のための文書
　　a．社告，通達：上層部で決定した事項を，全社員，またはある部署や個人に対し伝える文書。
　　b．企画書：計画書ともいう。ある業務や事業・イベント・広告宣伝などの企画を説得力ある文章で示し，提案・説明するための文書。
　　c．稟議書：起案書／伺書／回議書ともいう。担当者が起案したものを通常，会議を開かず，決定権をもっている上司，または関係者に承認を得て，最終的に上部責任者の決裁を受けるための文書。

②報告，届出のための文書
　　a．報告書：会議や打ち合わせ（参加報告書），大会や社外のセミナーなどに参加したとき（セミナー受講報告書），出張したとき（出張報告書），その内容を報告するために提出する文書。また1日，1週間，1か月単位で業務内容を報告する定例化した日報，週報，月報がある。
　　b．議事録：会議の要点を的確に記録した文書。会議に関係している者等がこれを見ることにより，会議の経過や決定事項を正確に各人が確認することをうながす文書。
　　c．届　書：住所変更や結婚など，個人的な事情変更を届け出て承認を受けるための文書。これらは様式化された帳票になっているものが多く，それに従って書き込むだけですむようになっている。
　　　　　　　届には，休暇届（年次有給休暇，特別休暇），住所変更届，遅刻・早退届，外出届，結婚届，出生届，死亡届などがある。
　　　　　　　その他，改姓名届，扶養家族増減異動届，資格取得・喪失届，身元保証人届などもある。
　　d．申請書（願）：業務上で必要な事項を上司に届け出て，承認をしてもらうための文書。
　　　　　　　申請書（願）には，欠勤願，休日出勤願，時間外勤務願，退職願，出張申請書，接待申請書などがある。
　　e．進退伺，始末書：進退伺は責任ある部課長，所長，工場長，支社長といった管理者が，本人や部下が重大な事故や過失をした場合，辞職すべきかどうかの処遇を上司に仰ぐための文書。一般の社員の場合は始末書を書く。
　　　　　　　始末書は，自分の過失で会社に損害を与えた場合，あるいは規則違反をしたときに書く文書。一種の詫び状であり，報告書でもある。

③連絡・調整のための文書

a．業務連絡書：他部署などに対し，業務の進行状況や依頼事項などを記入し，協力，参加を得たり，周知徹底させるなどの目的で作成される文書。

b．通知書：社内間で，社員への通知，さらには定期的に開催される会合の通知／案内として作成する文書。

c．照会書：ある状態や事実に関して，他部署などに確認をとり，問い合わせるための文書。この照会書に対する答えの文書が回答文である。

d．依頼書：横の関係でものごとを依頼するための文書。たとえ社内であっても，あくまで相手の厚意に訴える姿勢で，誠意をもってお願いする態度が大切である。

（2）社内文書の形式と例

社内文書は，自社内（本社・支社・営業所／本店・支店／部署間など）で交わされる文書である。意思の伝達を優先するため儀礼的な要素は省略し，実用的で簡潔に作成する。

①社内文書の形式

```
                                              ①文書番号
                                              ②発信日付

③受信者名
                                              ④発信者名

                    ⑤件名／標題
⑥主文 ……………………………………………………………………………
   ……………………………………………………………………………
   ……………………………………………
                    ⑦記書き／別記
            1．…………
            2．…………
              ．
              ．
⑧同封物指示
                                              ⑨以　上
                                              ⑩担当者名
```

2　社内文書

②社内文書の例

　　　　　　　　　　　　　　　　　　　　　　　　　営発第193号
　　　　　　　　　　　　　　　　　　　　　　　　　平成○年7月12日

営業部員各位
　　　　　　　　　　　　　　　　　　　　　　　営　業　部　長

　　　　　　　　　新製品「Sノート」説明会開催について（通知）

　下記のとおり新製品説明会を開催するので，出席してください。

　　　　　　　　　　　　　　　　記

　　1．日時　　7月16日（水）13時から15時まで
　　2．場所　　第2会議室

　　　添付資料：カタログ一式

　　　　　　　　　　　　　　　　　　　　　　　　　　以　上
　　　　　　　　　　　　　　　　　　　　　担当　山田（内線121）

（3）社内文書の構成要素

①文書番号：つけない場合が比較的多い。発信部署の略称を用い，通し番号をつける。
　　例）総発第0123号　→　総務部が発信した123番目の文書という意味
②発信日付：文書を発信した年月日を入れる。元号か西暦かは，社内の規程に従う。
　省略した書き方でもよい。
　　例）平成〇年9月5日　　　　平23.09.5　　　　H23.09.05
③受信者名：個人名は書かず相手の職名（役職名）のみにする場合が多い。その際，敬称は，「殿」をつけることが慣例となっている。
④発信者名：受信者名と同様に，役職名だけにすることが多い。重要な文書の場合は記名押印することがある。
⑤件名／標題：文書の内容がすぐにわかるようなタイトルをつける。「～について」と書き，（　）内に「通知」「通達」「照会」「報告」などと入れるのもよい。
⑥主　文：本文は，前文を省き，主文から書く。
⑦記書き／別記：本文に入れると煩雑でわかりにくい内容は，「記書き」を用い，個条書きで記入する。本文には，「下記のとおり……」などと記入しておく。
⑧同封物指示：資料や図表などがある場合は，その名称と数を記しておく。
⑨以　　上：文書の締めくくりを示す「以上」を忘れずに記入すること。
⑩担当者名：問い合わせなどに応じる直接の担当者の氏名・所属先・電話番号など連絡先を示しておく。

（4）社内文書の例と作成要領

①通達（夏期休暇）の例

```
                                              平成○年5月10日

  課 長 各 位
                                                  人 事 部 長


                        夏期休暇について（通達）


  本年度の夏期休暇は，下記により取り扱います。


                              記


    1．実施期間  平成○年7月20日から8月31日まで
    2．休暇日数  上記期間中に各人5日
    3．実施要領
        1）業務に支障のないよう，調整して実施すること。
        2）休暇予定一覧表を作成し，7月15日までに提出すること。

                                                  以   上
```

〈作成のポイント〉

a）発信者は社長，専務などの上層部からの命令等である。
b）標題に「通達」の表示を入れる。
c）通達文書がそのまま社規・社則となる場合があるので，用意周到な表現をしなければならない。
d）通達文書は重要なものであるため，一度発信されると取り返しがつきにくい。そのため十分注意して作成する。

②稟議書（パソコンの新規購入）の例

	確　認		
常　務	経理部長	部　長	起案者

稟　　議	No. 2009－06－008		部課名	総務部　庶務課
申請年月日	平成〇年10月20日		起案者	課長　田中　真理子
件　　名	パソコンの新規購入について			
購入物品	希望機種：第一候補　新田電気社製パソコン「AB-09」 　　　　　　第二候補　小川工業社製パソコン「CD-12」 　　　　　　第三候補　サワタリ電工社製パソコン 　　　　　　　　　　　「ハイパーテクニック29」			
設置場所	総務部庶務課	購入期日	平成〇年10月30日	
購入価格	200,000円	購入数量	1台	
添付資料	新田電気社製パソコン「AB-09」パンフレット1部			
購入理由	1．現在使用している新田電気社製「PM-デラックス」は，耐用年数が過ぎて故障しがちであることから業務に支障をきたしている。 2．「PM-デラックス」は容量が小さいことから，新たに必要なソフトを導入することが困難な状態である。 3．現在，当社では取引先の多様化により，より複雑な情報管理システムを構築することが急務になっており，その対処のためにも，より高性能なパソコンの購入が不可欠である。			
効　　果	「AB-09」は，容量が大きく，新しい凡用ソフトもすでに備わっており，より複雑で高度なシステム構築のために最も効果的と考え，第一候補とした。			

〈作成のポイント〉

　a）この例文は，物品購入のための稟議書の様式である。

　b）「決裁を求める事項」「起案した理由」「期待できる効力」のように三つの構成に組み立ててまとめる。

　c）経費（予算）を計上する。

　d）起案事項と関係のある資料をできるだけ多く収集し，裏づけデータとして添付する。

　e）この例の決裁者は，部長までとなっているが，場合によっては，それ以上の役職者になることもある。

2　社内文書

③報告書（セミナー受講）の例

平成○年6月16日

取締役営業部長　殿

営業第二課長　髙田　恵子㊞

管理職向マネジメントセミナー受講報告書

標記セミナーを受講しましたので，下記のとおり報告します。

記

1．セミナー名　　管理職向マネジメントセミナー
2．日　　　時　　6月13日（月）～15日（水）午前9時30分～午後5時
3．会　　　場　　大阪市立産業会館3階　会議室
4．主　　　催　　三友銀行総合研究所
5．講　　　師　　三友銀行総合研究所　竹川　正憲氏
6．参　加　者　　20名
7．内　　　容　　1）管理職とは
　　　　　　　　　2）信頼される管理職になるための技法
　　　　　　　　　3）その他
8．所　　　感　　様々な演習により，管理職として自分自身に何が不足していたかが理解できた。実践に即した内容は，今後の部下の指導に反映できるものと確信した。

添付：資料「マネジメントとは」1部

以　上

〈作成のポイント〉

a）これはフリー形式の例である。他に様式化された規定の用紙に書き込むものもある。その場合，簡潔にもれなく欄を埋める。
b）事実（客観）と意見（主観）を区別し，意見は「所感」または「感想」として記入する。
c）報告事項はなるべく箇条書きにし，添付書類があれば，別紙として添える。

④議事録(販売促進会議)の例

議　事　録

平成○年9月30日

会　議　名	販売促進会議
開催日時	平成○年9月30日(水) 13:00～15:00
開催場所	第3-A会議室
出　席　者	横田営業部長・森島業務部長・小田販促課長・販促課　藤野,島田,田川
欠　席　者	なし
議　　　題	1．平成○年度上半期売上についての報告 2．平成○年12月歳暮戦略についての協議
決定事項	1．昨年度下半期の売上実績を参考に,目標数値を10月の会議で提出すること。 2．10月初旬,各社の歳暮用ギフトについての研修会を実施すること。 3．宣伝活動の展開について,広報部と随時連絡会議を行うこと。
保留事項	なし
次回予定	日時:平成○年10月14日(水) 13:00～15:00 場所:第3-A会議室
記　録　者	田川　洋子

〈作成のポイント〉

　a)会議名,議題,会議の開催日時・場所,出席者名,欠席者名,記録者名を記入する。

　b)決定事項は,事実を正確に,要点を箇条書きにする。

　c)今後の予定,保留事項,連絡事項なども記入しておく。

2　社内文書

⑤休暇届の例

部　長	課　長

休　暇　届

提出日：平成〇年9月1日

所　属	秘書課　　（役職：　　　　　）
氏　名	森島　多恵子
適　用	☑有給休暇　　□特別休暇　　□振替休暇　　□慶弔休暇
期　間	9月28日（月）～9月30日（水）までの3日間
理　由	私事都合のため

〈作成のポイント〉

　a）通常事前に提出する。

　b）証明書類が必要なときは添付する。

⑥住所変更届の例

総務部長	所属長

<table>
<tr><td colspan="4" align="center">住 所 変 更 届</td></tr>
<tr><td>所　属</td><td>経理部　経理課</td><td>氏　名</td><td>小田正子　　　　　㊞</td></tr>
<tr><td>申　請　日</td><td colspan="3">平成○年4月5日</td></tr>
<tr><td>変更年月日</td><td colspan="3">平成○年4月1日</td></tr>
<tr><td>変更後住所</td><td colspan="3">〒532-0011
　　大阪市淀川区中川一丁目2-34
　　　　　　　　　電話　06-6300-5678</td></tr>
<tr><td>変更前住所</td><td colspan="3">〒590-0114
　　大阪府堺市真木塚台四丁目5-67
　　　　　　　　　電話　072-292-1234</td></tr>
<tr><td>変更理由</td><td colspan="3">転居のため</td></tr>
<tr><td>＊総務部
　記入欄</td><td colspan="3"></td></tr>
</table>

〈作成のポイント〉

　a）規定用紙に従い，すみやかに提出する。
　b）必要に応じて，住民票を添付する。

⑦退職願の例

退 職 願

平成○11月30日

楠木商事株式会社
　　代表取締役社長　小川　秀樹　様

秘書課　森山　尚美㊞

　このたび一身上の都合により，来る平成○年12月31日をもって，退職いたしたく，お願い申し上げます。

以　上

〈作成のポイント〉

a）「届出年月日」「代表者名（宛名）」「届出者（本人）」「退職理由」「退職日」の5項目をもらさず書く。

b）理由は通例どおり「一身上の都合」と書き，あくまでも願い出ることが慣習となっている。

c）退職後の連絡先を添付するか，または必ず届け出ておく。

⑧始末書の例

始　末　書

平成○年10月27日

営業課長
　浅倉　恵二　様

営　業　課
小倉　史彦㊞

　私は，平成○年10月25日午後4時ごろ，帰社途中に地下鉄淀屋橋駅周辺で，営業に使用するために持参しておりました顧客情報100件フラッシュメモリーを紛失いたしました。
　私の不注意のために会社にご迷惑をお掛けしましたことを深く反省し，心からお詫び申し上げます。
　今後は，細心の注意を払います。

記

　　紛失物：営業用フラッシュメモリー　1個

以　上

〈作成のポイント〉

a）この始末書は，自分の過失で迷惑を掛けたことに対して詫びたものである。
b）不始末の内容や責任を明確に記す。
c）内容は，事情・原因・お詫び・反省・決意の順で書く。
d）件名をつけたり，箇条書きにしない。
e）事故や事件の経過について客観的に記す。

⑨通知文（相談会開催）の例

平成〇年5月11日

従業員各位

福利厚生課長

健康相談会開催について（通知）

　下記の日程で，健康相談会を開催します。希望者は，先日配付した申込書に必要事項を記入の上，ご参加ください。

記

1. 日　時　　平成〇年5月20日（水），21日（木）　12：00〜12：50
2. 場　所　　5階502号室
3. 講　師　　中田　英樹　氏（産業医）
　　　　　　大島　謙二　氏（カウンセラー）

以　上

〈作成のポイント〉
　a）通知する事項を簡潔に箇条書きにする。
　b）主文には，必要な文言だけを書く。

⑩照会文（図書購入）の例

平成○年3月01日

課 長 各 位

庶務課長㊞

図書購入について（照会）

　下記の図書を当課において，一括購入することになりましたので，各課の希望冊数を添付の申込書にて3月20日までにご連絡ください。

記

1．図書名：「冠婚葬祭のマナー」ビジネス実務新辞典
　　　　　　　蛍光出版株式会社
2．価　　格：3,500円（税込み）
3．添付書類：カタログ1部
　　　　　　　申込書　1通

以　上

〈作成のポイント〉
　a）照会（問合せ）といえどもお願いするものであるため，丁寧に書く。
　b）照会事項を箇条書きにして，不要な文句や表現は入れない。
　c）回答期限を必ず記入しておく。

⑪回答文（図書購入）の例

```
                                            平成○年3月5日
庶務課長　殿

                                                秘 書 課 長


                    図書購入について（回答）


標記の件につき，下記のとおり回答いたします。


                            記


    1．購入希望図書：「冠婚葬祭のマナー」ビジネス実務新辞典
                                    蛍光出版株式会社
    2．購入希望数：5冊
    3．添付書類：申込書　1通


                                              以　　上
```

〈作成のポイント〉

a）照会書に対する答えの文書が回答文である。
b）箇条書きにし，わかりやすく記す。
c）求められている事項にだけ，具体的に回答する。
d）回答期限を厳守する。
e）件名は照会文書と同一にする。
f）回答文書は照会文書とともに保管する。

⑫依頼文（セミナールーム借用）の例

平成○年4月25日

総務部長　殿

横浜支店長㊞

セミナールームの借用について（依頼）

　このたび開催予定の「中間管理職向セミナー」の会場として，下記のとおり，本社のセミナールームを借用したいので，よろしくお願いします。

記

1．日　　時　　平成○年5月11日（月）13：00～15：00
2．使用場所　　セミナールーム
3．付帯設備　　1）マイクロホンなど放送設備一式
　　　　　　　　2）ノートパソコン　1台
　　　　　　　　3）プロジェクター　1台
　　　　　　　　4）スクリーン

以　上

〈作成のポイント〉

a）依頼する相手に文書で依頼するのではなく，事前に電話などで依頼して了承を得ておくことが多い。
b）丁寧に誠意をもってお願いする文面にする。
c）依頼する理由，依頼事項などをわかりやすく具体的に書く。

演 習 問 題

《演習問題》

1．次のメモに従って報告書を作成しなさい。

> ・あなた：総務課の課員　横田　真子
> ・平成〇年12月17日付
> ・第１回Ｗｅｂデザイン実践セミナー（基礎編）
> ・日時：平成〇年12月15日（水），16日（木）２日間　13：00〜16：30
> ・場所：新大阪パソコンセンター
> ・定員：25名
> ・内容：各自，自己流で行っている手順では，時間のロスが出るため，基礎的なことから学習し，能力の向上を図った
> ・所感：今後の事務効率向上に役立つと実感した。社内に持ち帰り，課員にフィードバックしたい。また，次回の応用編も是非受講したい

セミナー受講報告書		平成　年　月　日	部　長　㊞
研 修 名		受　講　者 （所属・氏名）	
日時		場所	定員
受講内容			
配付資料			
所　感 （感想）			

2. 次のメモに従って，議事録を作成しなさい。

- 平成○年9月15日（火）13時から15時，総務部会議室，課長会議議事録
- 作成日付は平成○年9月16日，作成者は総務課の森山理子
- 「社内禁煙対策」について
- 出席者：経理課長，広報課長，営業課長，管理課長，人事課長，総務課長
- 欠席者：なし

〔決定事項〕

- 各フロアーの喫煙ルームをなくす。（ただし，1階ロビー近くの喫煙ルームは残す）
- 役員応接室・役員会議室以外には，灰皿を置かない
- 喫煙が身体にどのような悪い影響を及ぼすかを示すポスターを作成し，各フロアーのエレベーター付近に貼る
- 本年度は本社で，以後，支社・支店・営業所へと広げる
- 次回予定：10月13日（火）13時から15時

演 習 問 題

3．次のメモに従って，別記を入れた入社半年後研修の社内通知状を作成しなさい。

・発信者：人事部長　　　　　　　　　・受信者：新卒新入社員全員
・発信日：平成〇年10月20日　　　　 ・番号：教発第0123号
・標　題：入社6か月後研修開催について　・担当者：研修課　横田（内線５６７）
　入社6か月後研修を11月9日月曜日から11日水曜日までの3日間，毎日13時半から17時15分まで実施する。場所は12階研修ルーム。対象者は全員受講すること

4．次のメモに従って，稟議書を作成しなさい。

- 発信日付：平成〇年10月1日
- 受 信 者：取締役営業部長
- 発 信 者：営業課長　山田和彦
- 内　　容：営業部の新入社員も半年が経過し，独り立ちできるようになった。得意先を回り販売促進のため，また年末年始の挨拶に必要であるため，営業用の車を12月1日までに，2台増車して欲しい
- 車　　種：新田自動車株式会社　C－077型車
- 価　　格：1台150万円
- そ の 他：値段も手ごろだし，小型のため回りやすい
- 添付資料：新田自動車株式会社　新車カタログ1冊　見積り1部

3 社交文書

社交文書は，儀礼文書ともいわれ，本来の業務とは直接関係のない内容のものであるが，関係先との人間関係を円滑にするために必要なものである。

（1）社交文書の種類

社交文書には以下のようなものがある。

①挨拶状

挨拶状には，大きく分けて人事上の挨拶と営業上の挨拶がある。
　a．人事上の挨拶は，就任，退任，転勤など，人事異動に関するものである。
　b．営業上の挨拶は，開店，開業，新築，移転，式典などの通知（案内）である。

②招待状・案内状

　a．案内状は，催しや行事などの案内のために作成される文書である。
　b．招待状は，催しや行事などに客として招くために作成される文書である。
　　ともに，参加を呼びかけ，相手に参加してもらえることが大切である。
　　また，案内状は会費をいただく場合もあるが，招待状はいただかない。

③祝賀状

相手が栄転，役職就任，功労表彰，叙勲などの場合に，お祝いを述べる文書である。

④季節の挨拶状

年賀状，暑中見舞状，中元／歳暮などの送付やお礼を述べる文書である。

⑤見舞状

災害（台風／水害／火事），事故（交通／盗難），傷病などの場合に，相手を見舞うための文書である。

⑥悔み状（弔慰状）

相手に不幸があった場合，お悔みを述べる文書である。

⑦礼状・感謝状

御礼や感謝を述べる文書である。

⑧紹介状・推薦状

人物や企業などを，知人，友人などに紹介するための文書である。紹介の責任を負うことにもなるので，慎重に対応しなければならない。

（2）社交文書の特徴

社交文書は，取引文書との違いが多くある。
　a．しきたりや格式を重んじる表現で，正式な書式に従い作成する。
　b．言葉遣いは，丁重な言い回しや，重厚な表現が使われる。常用漢字にとらわれず，日常では使われることの少ない文字や表現を使うことが多い（常用漢字：一般の社会生活にお

いて、使用する漢字の目安として、決められたもの)。
c．タイミングが大切である。時期を失せず、相手先に届くように手配する。
d．縦書き、手書きで書かれる場合が多い。
e．印刷での字体は、行書体、教科書体などが使われる。
f．弔慰状は「頭語」「前文」は省略される。「結語」も省略される場合が多い。
g．「標題／件名」、「文書番号」は、一般的にはつけない。
h．格調高い儀礼文書には、句読点を省いて作成する慣習になっている。

（3）縦書きの形式

社交文書では、縦書きの形式が多く用いられる。

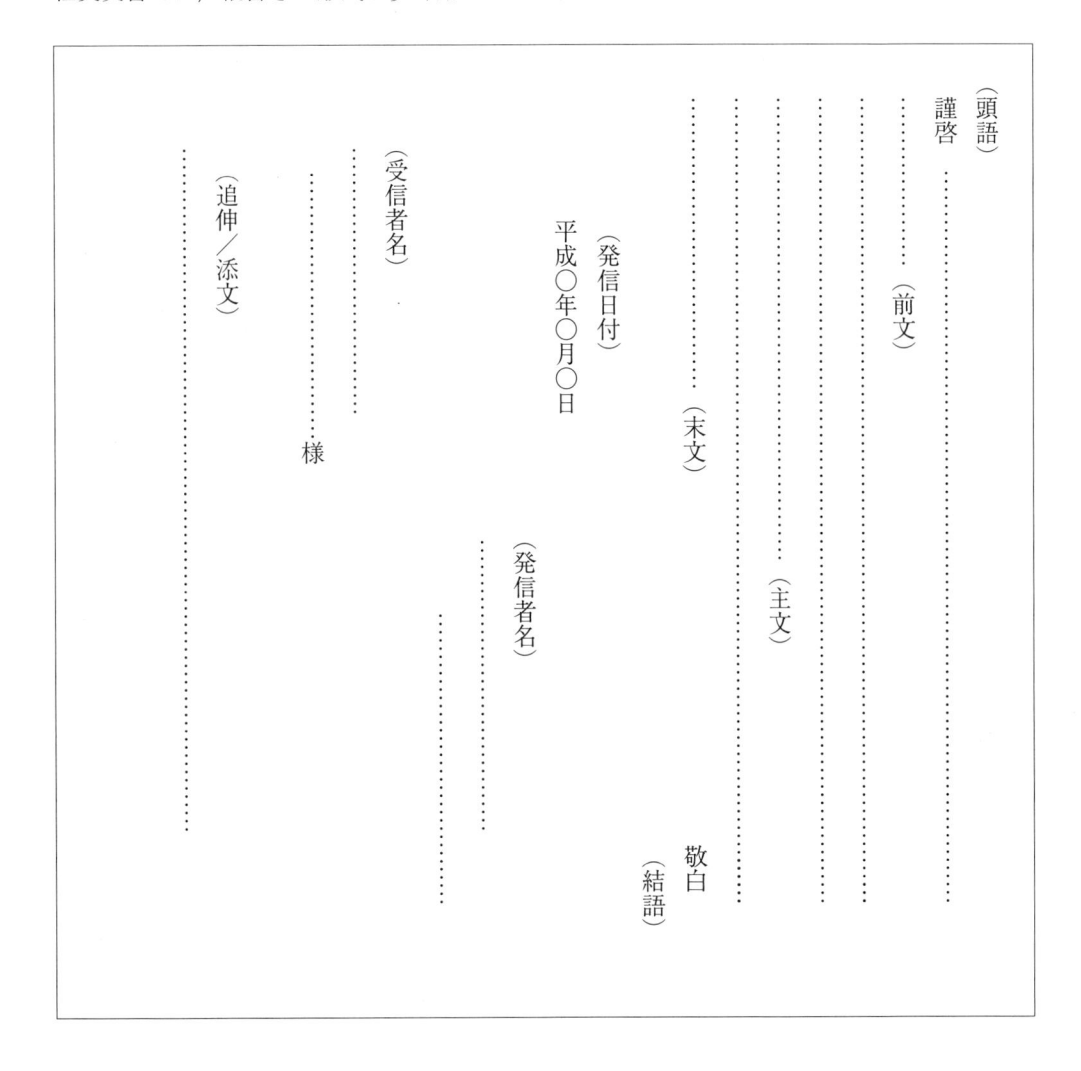

```
（頭語）謹啓　……（前文）
……（主文）
……（末文）
　　　　　　敬白（結語）
（発信日付）平成○年○月○日
　　　　　　　（発信者名）
（受信者名）　　様
（追伸／添文）
```

（4）社交文書の例文と作成要領

①挨拶状（支店長交代の挨拶）の例

謹啓　貴社ますますご発展のこととお喜び申し上げます　さて　私儀
このたび　本社勤務を命じられ　業務企画部部長を務めることとなりました
大阪支店在勤中は　公私にわたり格別のご高配を賜り　厚く御礼申し上げます
なお　後任には　高ノ瀬和義が就任いたしますので　何とぞ私同様にご支援
ご鞭撻を賜りますよう　お願い申し上げます
まずは　略儀ながら書中をもって　御礼かたがたご挨拶申し上げます

　　　　　　　　　　　　　　　　　　　　　　　　　　　　　　謹言

平成〇年三月二十日

　　　　　　　　　　株式会社リッツ商事
　　　　　　　　　　業務企画部部長　加藤　裕之

───────────────

謹啓　貴社ますますご隆盛のこととお喜び申し上げます
このたび　加藤裕之の後を受けて大阪支店長を命じられ　このほど着任いたし
ました　微力ではございますが　社業発展のため努力いたす所存でございます
何とぞ前任者同様　ご指導ご支援を賜りたく　お願い申し上げます
まずは　略儀ながら書面にてご挨拶申し上げます

　　　　　　　　　　　　　　　　　　　　　　　　　　　　　　敬白

平成〇年三月二十日

　　　　　　　　　　株式会社リッツ商事
　　　　　　　　　　大阪支店長　高ノ瀬　和義

〈作成のポイント〉

a）転勤などの挨拶は，本来，直接出向いて挨拶するべきであるが，とりあえず，文書で行うことが一般的である。

b）挨拶状には，大きく分けて，業務上の挨拶と人事上の挨拶の二つがある。
この例文は，人事上の挨拶文である。組織上層部の交代の挨拶であるので，格調高いものに仕上げるようにする。

c）縦書きとし，句読点（。／、）を省略する場合が多い。

d）厚手の二つ折り用紙で，右面に前任者，左面には新任者の挨拶を書くのが一般的である。

e）用紙は中折りにして，白地厚手の洋形封筒に封入する。

f）一般文書と違って，頭語に「謹啓」，結語に「謹言」，「敬白」などを使う。

②招待(挨拶)状(新社長就任披露宴への招待)の例

謹啓　春暖の候　皆様にはますますご清祥のこととお喜び申し上げます　さて　私こと
過日開催の株主総会および取締役会において　弊社代表取締役社長に
選任されましたので　ここにご報告申し上げます
若輩ではございますが　最善を尽くし　社業の発展に鋭意努力する
所存でございますので　なにとぞ前任者同様　格別のご高配を賜りますよ
うよろしくお願い申し上げます
つきましては　就任のご挨拶を申し上げ　今後一層のご支援をお願い
いたしたく　左記のとおり心ばかりの小宴を催すことといたしました
ご多忙中恐縮に存じますが　ぜひともご来臨いただきたく　謹んで
ご案内申し上げます

　　　　　　　　　　　　　　　　　　　　　　　　　　敬　白

平成〇年四月八日

　　　　　　　　　　　　　　　　　生駒電工株式会社
　　　　　　　　　　　　　　　　　代表取締役社長　村井　淳一

　　　亀崎敬一様

　　　　　　　　記

日　時　平成〇年五月十二日(水)　午後二時から四時まで
会　場　ホテルクラシック　二階　鳳凰の間(地図同封)

なお　お手数ではございますが　ご来臨の有無を同封はがきにて
四月二十二日までにお知らせくださいますようお願いいたします

〈作成のポイント〉

a) これは，人事関係の挨拶状であるが，就任の披露を兼ねた招待状でもある。
b) 会社の経営の最高責任者といえる新社長の就任挨拶であるので，最も格式を重んじた内容でなければならない。
c) この場合，厚手二つ折り用紙を使用し，白地厚手の洋形封筒に封入するのが通例である。
d) 前頁①の例と同様に，句読点(。/、)を省略している。
e) 敬語(尊敬語・謙譲語)の使い方
　「弊　社」:「会社」の謙譲語。自分の属する会社のことを，へりくだって「弊社」と表現している。取引文書では「当社」を使用する。
　「ご高配」:「配慮」の尊敬語で，「ご配慮」と書くより，丁寧な表現となる。
　「小　宴」:「宴会」の謙譲語。自分側で催す宴会のことを，へりくだって「小宴」と表現している。
　「ご来臨」:「ご出席」「ご来場」よりも，丁寧な尊敬語。

③祝賀状（関係先会社の社長の賀寿）の例

拝復　清秋の候　貴台には近々古稀の賀寿を迎えられますこと　謹んでお慶び申し上げます

日頃から太田様には「若者には負けない元気が取り柄」とお話しされていましたゆえ　今後もわれわれの先頭に立ってご指導を賜るものと信じております

どうかご健康に留意されまして　業界の発展のために　ご尽力賜りますよう伏してお願い申し上げます

祝賀のご宴席には　是非　出席させていただきあらためてご祝辞を述べさせていただきます

まずは　略儀ながら書中にてご祝辞申し上げます

敬白

平成○年九月二十日

蜂須賀電飾工業株式会社
代表取締役社長　遠藤　久美

エフシー株式会社
代表取締役社長　太田　政文　様

〈作成のポイント〉

a）賀寿とは，長寿の祝いのことである。ふつう身内だけで行うが，会社の創業者や代表者などの役員の場合，会社や業界の団体主催によって，祝賀会が開催されることが多い。

b）平均寿命が延びた近年では，「還暦」での公的な祝賀会を開催しない場合が多くなっている。

c）一般的な賀寿

　　還暦（かんれき）／60歳：　再び生まれた年の干支（えと）に還ること。
　　古稀（古希）（こき）／70歳：杜甫の詩の中にある句「人生七十古来稀也」から。
　　喜寿（きじゅ）／77歳：　「喜」の略字「㐂」が七十七に似ている。
　　傘寿（さんじゅ）／80歳：　「傘」の略字「仐」が八十に似ている。
　　米寿（べいじゅ）／88歳：　「米」の字を分解すると八十八になる。
　　卒寿（そつじゅ）／90歳：　「卒」の略字「卆」が九十に似ている。
　　白寿（はくじゅ）／99歳：　「百」から「一」を除くと「白」となる。

④季節の挨拶状（年賀状）の例

> **謹賀新年**
>
> 旧年中は格別のお引立てを賜り　誠にありがとうございました　社員一同深く感謝いたしております
> 本年も変わらぬご愛顧のほどお願い申し上げます
> 貴社のご発展と社員の皆様のますますのご活躍をお祈り申し上げます。
>
> 平成〇年元旦
>
> 〒一五八-〇〇八一
> 東京都世田谷区深沢一-二-三
> グローバル商事株式会社
> 代表取締役社長　佐藤　哲也

〈作成のポイント〉

a）年賀状は，業務上のお得意様などお世話になっている関係先に日頃の感謝の気持ちを伝え，新年の挨拶として出すものである。
b）前年の12月25日頃までに作成して投函すると，元旦に配達される。
c）私製はがきで作成する場合は，表面に「年賀」と明記しておく。
d）「元旦」とは「1月1日」の意味である。「1月元旦」とするのは誤りである。
e）年明けに出す場合は，1月1日から1月7日（または14日）頃までとし，その時期を過ぎてしまった場合は「寒中見舞状」となる。寒中見舞は，立春（2月4日頃）の前日までに出す。
f）業務上での年賀状は，縦書きが通例である。
g）個人名で出す場合，文面を印刷したものを出す場合は，手書きの一文を添えるとよい。
h）「謹賀新年」とは，「謹んで新年のお喜び申し上げる」という意味。

⑤季節の挨拶状（暑中見舞状）の例

> 暑中お見舞申し上げます
>
> 平素は格別のご高配を賜り、厚く御礼申し上げます。暑さことのほか厳しい折から、くれぐれもご自愛のほどお祈り申し上げます。
>
> 平成○年盛夏
>
> 〒六五五－〇〇三六
> 神戸市垂水区海岸通二丁目五－一
> 相生商事株式会社
> 代表取締役　中島　義哉

〈作成のポイント〉

a) 暑中見舞状は，暑さの厳しい夏に相手の健康を気遣って出すものである。
b) 「頭語」は書かない。冒頭には「暑中お見舞申し上げます」などの暑さに対する見舞の言葉を入れる。ほかの文字より大きく書く。
c) 出す時期は，7月中旬（梅雨明け）頃から立秋（8月4日頃）の前日までである。
　　立秋以降（立秋～8月末）は，残暑見舞状とする。
d) はがきに印刷されるのが一般的である。郵便はがきで絵入りのものが発売されているので利用することもできる。
e) 暑中見舞状に，ほかの用件を盛り込む場合で，比較的多いのが「夏休み（夏期休業）のお知らせ」である。差し出す側としては，通知を兼ねたものなので好都合である。
f) ほかに暑中見舞状には，御中元送付の案内を書き加えることもある。

⑥見舞状（災害見舞）の例（本文のみ）

前略　今朝の新聞で、貴社工場が台風五号の被害を受けたことを知り、大変驚いております。誠に不慮の災難と言うほかなく、皆様のご心痛を拝察し、心からお見舞申し上げる次第でございます。

さぞかしお力落としのこととは存じますが、一日も早いご復興を遂げられることをお祈り申し上げます。

何かお力添えできることがございましたら、どうぞ、ご遠慮なくご一報いただきたいと存じます。

なお、わずかではございますが、心ばかりのお見舞金を同封いたしましたので、ご受納くださいますよう、お願い申し上げます。

まずは、取りあえず書中をもってお見舞申し上げます。

草々

〈作成のポイント〉

a）情報が入ったら間違いのないよう相手の状況を確認し、できるだけ早く出す。
b）災害の場合は、まず、電話でお見舞を述べてからその日に発送する。
c）取り急ぎ出す文書なので、頭語は「前略」や「急啓」を用いるか、省略する。
d）前文を省き、すぐに主文に入る。
e）一日も早い復興や回復を祈り、相手を励ますような表現を心掛ける。
f）件名は書かない。
g）見舞金や品物などを届けるときには、その旨を書き添える。

⑦見舞状（病気）の例　（本文のみ）

> ご入院のことを伺い、驚いております。その後の経過はいかがでいらっしゃいますか。心からお見舞申し上げます。
>
> 日頃から、ご壮健で精力的にお仕事をこなされていただけに、ご家族や社内の皆様も、さぞやご心痛のこととお察し申し上げます。
>
> このうえは、仕事のことは忘れて静養に専念され、一日も早くご全快なさることをお祈り申し上げます。
>
> なお、別便にて心ばかりのお見舞の品をお送りいたしましたので、どうぞお納めください。
>
> まずは、取り急ぎ書面にて、お見舞申し上げます。

〈作成のポイント〉

a）情報が入ったら見舞に行ける状況かどうかを確認し、見舞に行けない場合は、できるだけ早く見舞状を出す。

b）取り急いでいる気持ちを表すため前文を省き、頭語は「前略」や「急啓」を用いるか、省略する。件名もつけない。

c）心配する気持ちを表し、一日も早い回復を祈り、相手を励ますような表現を心掛ける。

d）見舞金や品物などを届けるときには、その旨を書き添えるとよい。

e）見舞状、慶弔状などでは、忌み言葉や重ね言葉は、縁起がよくないことや不愉快なことを連想させるので使用しないようにする。

〔忌み言葉／重ね言葉〕

開店新築：閉じる，倒れる，落ちる，つぶれる，失う，破れる，散る

結　婚　祝：別れる，破れる，切れる，去る，戻る，帰る，出る，返す

出　産　祝：落ちる，消える，破れる，流れる，滅びる，死ぬ，枯れる

病気見舞：倒れる，枯れる，朽ちる，衰える，滅びる，逝く，困る

弔　　　事：重ね重ね(かさがさ)，返す返す(かえがえ)，たびたび，またまた，再三

⑧悔み状の例

貴社取締役三好様の突然の訃報に接し、当方一同ただ驚き入っております。ここに謹んで哀悼の意を表し、ご冥福をお祈り申し上げます。
ご生前は、業務拡大のためにご奮闘され、今後のご手腕に期待するところが大きかっただけに、貴社ご一同様におかれては、ご悲嘆のほどいかばかりかと、ご推察申し上げます。
直ちに参上いたし、お悔みを申し上げるべきではございますが、何分にも遠方のため、不本意ながら、書中にて謹んでお悔みを申し上げる次第でございます。

合 掌

平成○年○月○日

福井工業株式会社
代表取締役社長　小西　靖彦

株式会社富士産業
代表取締役社長　石川　好哉様

〈作成のポイント〉

a）悔み状は、関係先に不幸があった場合で、弔問に行けない場合に出す。
b）訃報（死亡の知らせ）を受けたらすぐに出す。
c）頭語や前文を省略して、直接、主文から書き始める。
d）訃報を知った驚きや悲しみを述べ、相手の心をなぐさめる文章を書く。
e）結語はふつう書かないが、「合掌」を用いる場合がある。
f）悔み状では、「重ね重ね（かさがさ）」などの重ね言葉は使わないように注意する（前頁参照）。
g）悔み状に御香料などの現金を同封するときは、不祝儀袋に入れて現金書留郵便で出す。

⑨礼状（病気見舞）の例

> 拝啓　初冬の候、ますますご清祥のこととお喜び申し上げます。このたびの入院に際しましては、格別のご厚情を賜りました上、ご丁重なお見舞までいただき、誠にありがたく、厚く御礼申し上げます。
> さて、このたびのことでは、手術の必要もなく、順調に快復し、無事退院することができました。おかげさまで、つくづく健康のありがたさを知らされました。来月には業務に復帰できる見込みでございますので、他事ながらご休心くださいますよう、お願い申し上げます。いずれ改めて、ご挨拶に参上いたしたいと存じますが、取りあえず書中をもって御礼申し上げます。
>
> 敬具
>
> 平成〇年十二月五日
>
> 柳井　清二
>
> 嶋田　肇　様
>
> なお、別便で心ばかりの内祝の品をお送りいたしました。何とぞ、ご笑納くださいますようお願い申し上げます。

〈作成のポイント〉

a）礼状は，相手の好意や心配りに対して，敬意やお礼の気持ちを文書で応えるのが目的である。
b）出すタイミングを逃さずに書くこと。
c）見舞の礼状であるので，丁寧に，頭語に「拝啓」，結語に「敬具」をつけて書くようにするとよい。
d）見舞の返礼状の種類には，台風／水害見舞，地震見舞，病気見舞，近火見舞，出火見舞，交通事故見舞などが考えられる。

⑩紹介状の例（本文のみ）

拝啓　盛夏の候，貴社ますますご繁栄のこととお喜び申し上げます。平素は格別のご高配を賜り，厚くお礼申し上げます。
　さて，たいへん突然で失礼申し上げますが，清水剛氏をご紹介申し上げます。同氏は小生が古くから付き合っております人物で，現在，建築デザイナーとして国際的にも活躍しております。
　かねてより，貴社の環境問題に関する研究に興味をもっており，詳しくお話をお聞かせいただきたいとのことですので，ここにご紹介申し上げます。何とぞよろしくご引見くださいますようお願い申し上げます。
　　　　　　　　　　　　　　　　　　　　　　　　　　　　　敬具

〈作成のポイント〉

a）紹介する側は，紹介の責任を負うことになるので慎重に対応し，紹介先に迷惑を掛けないよう心掛ける。

b）紹介する人物や企業などの名前，経歴，こちらとの関係を書く。

c）目上の人に紹介する場合は封書にして，本人に見せてから封をして渡す。同輩や後輩に紹介する場合は，簡略に名刺の空きスペースを利用して用件を書き込むこともある。

d）「引見」：身分の高い者が目下の者を対面すること。

e）この例文のように，それほど堅苦しい紹介状でない場合は，横書きで対応してもよい。

演習問題

《演習問題》

1．次は，アントーク商会（株）大阪支店営業部の渡辺加寿子が，神戸支店営業部に転勤になった挨拶状である。（　）の中の語を漢字に直しなさい。また，空白の（　）には，直前の漢字の読み方を記入しなさい。

（① きんけい）（② ようしゅん）の候，皆様にはご（③ けんしょう）のこととお喜び申し上げます。

　さて，このたび，私は４月１日付けで，（④ へいしゃ）神戸支店に転勤いたしました。大阪支店（⑤ ざいきんちゅう）は，公私ともにご（⑥ こうじょう）を（⑦ たまわ）り心から御礼申し上げます。

　本来ならば，拝眉（⑧　　）の上，御礼申し上げるべきところでございますが，急遽（⑨　　）こちらに参りましたので，失礼いたしましたこと（⑩ ちゅうしん）よりお（⑪　わ　）び申し上げます。

　今後も，（⑫ びりょく）ではありますが，新しい職場で（⑬ えいい）努力する（⑭ しょぞん）でございます。何とぞ今後ますますのご（⑮ しどう）ご鞭撻（⑯　　）を賜りますようお願いいたします。

　まずは，（⑰ りゃくぎ）ながら（⑱ しょちゅう）をもってご挨拶申し上げます。

　　　　　　　　　　　　　　　　　　　　　　　　　　　　敬　白

解答欄

①	②	③	④	⑤	⑥
⑦	⑧	⑨	⑩	⑪	⑫
⑬	⑭	⑮	⑯	⑰	⑱

〈解説＆ヒント〉

・この挨拶状は，営業部の部員が転勤になった挨拶状である。渡辺加寿子は営業部の一部員であるが，取引の関係者などには転勤の挨拶状を出すのが通例である。
・「拝眉」は，相手に会うことの謙譲語で，「拝顔」と同じ意味。
・「鞭撻」は，戒め励ますことの意味。

Ⅱ ビジネス文書の作成

2．次は，営業所開設の挨拶状である。適切な語を選んで漢字に直して（　）に記入しなさい。

> たまわり，きんけい，はんえい，あいさつ，あいこ，ばんか
> へいしゃ，かいせつ，しょぞん，ひきたて，りゃくぎ，へいそ

（①　　）（②　　）の候，貴社ますますご（③　　）のこととお喜び申し上げます。（④　　）は格別のご（⑤　　）を賜り，厚く御礼申し上げます。
　さて，このたび，（⑥　　）では，下記のとおり尼崎地区に新たな営業所を（⑦　　）し，9月1日から営業を開始する運びとなりました。
　当営業所では，地元のお客さまのニーズに合わせ，今までよりも一層きめ細かなサービスを提供する（⑧　　）でございます。
　つきましては，今後ともさらなるお（⑨　　）を（⑩　　）ますよう，よろしくお願い申し上げます。
　まずは，（⑪　　）ながら書面をもってご（⑫　　）申し上げます。

敬　白

　　　　　　　　　　　　　　　記
営業所名　　ミネルバ自動車株式会社　尼崎営業所
所 在 地　　〒660-0803
　　　　　　兵庫県尼崎市長洲本通1丁目2-34
電話番号　　06-6532-1098

以　上

解答欄

①	②	③	④	⑤	⑥
⑦	⑧	⑨	⑩	⑪	⑫

〈解説＆ヒント〉
・この挨拶状は業務上の挨拶状であり実質的には，新しく営業所を開設したという通知状である。このように，業務上に関した内容のものは，横書きで書く場合がある。しかし，横書きであっても，ある程度格式を重んじたものでなければならない。
・ここでは，頭語に「謹啓」を使って，格式のあるものとしている。
・社交文書では，頭語には「謹啓」，結語には「敬白」「謹白」「謹言」を用いる。しかし，場合によっては，「拝啓」「敬具」を用いることもある。

演習問題

3．次は，取引先会社の新社屋が完成した祝賀状である．適切な語を選んで漢字に直して（　）に記入しなさい．また，発信者・受信者などを適宜入れて，縦書きの祝賀状を作成しなさい．

> はってん，　はいしょう，　しゃおく，　かくべつ，　しょうのう，　べつびん，
> きょてん，　しんりょく，　そしな，　まっぴつ，　りゅうせい，　らくせい，
> よし，　せつび，

拝啓　（①　　　）の候，ますますご（②　　　）のこととお喜び申し上げます．平素は（③　　　）のご愛顧を賜り，誠にありがとうございます．

　さて，このたびご建設中の貴社（④　　　）がめでたくご（⑤　　　）の（⑥　　　），心よりお祝い申し上げます．新社屋における種々の最新鋭（⑦　　　）は，生産管理充実のための（⑧　　　）になるものと（⑨　　　）しております．貴社の一層のご発展に寄与するものとご期待申し上げます．

　なお，（⑩　　　）にてお祝いの（⑪　　　）をお送りいたしましたので，ご（⑫　　　）いただければ幸いに存じます．

　（⑬　　　）ながら，貴社ますますのご（⑭　　　）をお祈り申し上げます．

　　　　　　　　　　　　　　　　　　　　　　　　　　　　　敬　具

解答欄

①	②	③	④	⑤	⑥
⑦	⑧	⑨	⑩	⑪	⑫
⑬	⑭				

〈解説＆ヒント〉
・新社屋の新築は，企業にとっては，大事業であり，大きな喜びでもある．そういった相手に対して心からの喜びと今後に期待することなどを伝えることが大切である．
・新築では，竣工式などに招待される場合がある．そのときには，お祝いの品を持参するとよい．
・「ごしょうのう」は，贈り物をするとき，「お気軽に受け取ってください」という意味．
・「らくせい」は，「竣工」と同じ意味．
・「まっぴつ」は，「最後になりましたが」という意味で，手紙の末文で用いる語．

Ⅱ ビジネス文書の作成

4．次は，歳暮の礼状をはがきで出すときの文面である。適切な語を選んで，かな漢字に直して（　　）に記入しなさい。

```
けいぞう，　さいばん，　じあい，　じせつがら，　しょちゅう，
かんしゃ，　けんしょう，　おれい，　はいけい
```

　（①　　　）（②　　　）の候，ますますご（③　　　）のこととお喜び申し上げます。
　さて，このたびは，結構なお歳暮の品をご（④　　　）賜り，厚く御礼申し上げます。いつもお心に掛けていただき，（⑤　　　）いたしております。
　なお，（⑥　　　），皆様にはくれぐれもご（⑦　　　）のほど，お祈り申し上げます。
　まずは，取り急ぎ（⑧　　　）をもって（⑨　　　）申し上げます。

　　　　　　　　　　　　　　　　　　　　　　　　　　　　　敬　具

解答欄

①	②	③	④	⑤	⑥
⑦	⑧	⑨			

〈解説＆ヒント〉
・歳暮をもらった礼状である。丁寧な表現で，相手の好意に感謝する気持ちを素直に表す。
・受信者名は，できるだけ個人名にするのがよい。したがって，ここでは，個人に対して用いられる「ご健勝」を使用している。
・タイミングを失することなく，素早く礼状を出すことが大切である。
・件名／標題は書かない。
・「けいぞう」は，「他人からものを贈与されること」の尊敬語。
・「しょちゅう」は，「手紙」の意味。

演 習 問 題

5．次は，災害見舞（例文⑤ p.69）の礼状である．適切な語を選んで，かな漢字に直して（　）に記入しなさい．また，発信者・受信者などを適宜入れて，縦書きの祝賀状を作成しなさい．

> ふっきゅう，　ひなん，　たまわり，　しょちゅう，　とうしゃ，　りゅうせい，
> どしゃくずれ，　はんかい，　ふこうちゅう，　ぼうふうう，　さいかい，　あいこ

> 拝啓　貴社ますますご（　①　）のこととお喜び申し上げます．
> 　さて，このたびの（　②　）福知山工場の台風被害に際しましては，早速ご丁寧なお見舞を（　③　），誠に有難く，厚く御礼申し上げます．
> 　当日は，予想を超えた（　④　）に見舞われ，（　⑤　）が発生し，工場が（　⑥　）の事態に至った次第でございます．しかしながら，社員一同無事（　⑦　）し，けが人が出なかったことが，（　⑧　）の幸いでございました．
> 　現在，一日も早い営業（　⑨　）を目指し，（　⑩　）に努力いたしておりますので，今後とも変わらぬご（　⑪　）のほど，切にお願い申し上げます．
> 　本来ならば，お伺いいたし御礼を申し上げるところではございますが，復旧作業中のことでもあり，取りあえず（　⑫　）をもって御礼申し上げます．
> 　　　　　　　　　　　　　　　　　　　　　　　　　　　　　　　　敬　具

解答欄

①	②	③	④	⑤	⑥
⑦	⑧	⑨	⑩	⑪	⑫

〈解説&ヒント〉
・丁重な言葉遣いに留意して，相手に感謝の気持ちを伝える．
・単にお礼だけを伝えるのではなく，その後の経過についても知らせる．
・見舞の返礼状には，例文の台風見舞のほか，地震見舞，病気見舞，近火見舞，出火見舞，交通事故見舞などの返礼状が考えられる．

Ⅱ　ビジネス文書の作成

6. 麻布商事（株）営業2課課長の亀崎隆一は訃報を受けた。下記のメモを参考に，お悔み状を縦書きで完成させ，同封する金封の水引を図示し，表裏を書き，送付方法も考えてみなさい。

> a．取引先の担当課長木下三樹夫の父親が不慮の交通事故で亡くなった。
> b．遠方のため，葬儀には行けないのでお悔み状を書く。
> c．香料1万円も同封して送る。

解答欄

送付方法：＿＿＿＿＿＿＿＿＿＿＿＿＿＿＿＿＿＿＿＿＿＿＿＿＿＿＿＿＿

水引の色：（　　）色と（　　）色のものを使用する

　　　　金封　（表）　　　　　　　　　　金封　（裏）

4 その他の文書

（1）電子メール（Eメール）

　昨今のビジネス通信では社外，社内ともに電子メール（以下Eメールと呼ぶ）の使用が普及し，コミュニケーションのツールとしてなくてはならない存在となっている。Eメールが使えなければほとんどの職場では十分な仕事ができないと言っても過言ではない。ネチケット[注]という造語も生まれ，ネットワーク上でのエチケットやマナーに則したEメールの活用が大切である。

①Eメールとは

a）コンピュータネットワークを介して行う，国内，国外の宛名人と送受信できる通信手段。
b）Eメールアドレス（郵便の住所に相当する）をプロバイダから取得し，そのアドレス宛に送受信する。
c）パソコンやケータイ電話の画面上で作成，保存，整理，修正等が可能。
d）Eメール通信のできるエリアでは世界中の人と短時間で経費も安く交信できる。
e）文書以外にも写真，動画なども送信でき，Eメールの活用をビジネスの効果的なプレゼンテーションや交渉のツールとすることができる。
f）送信者は，電話のように受信者を呼び出さずとも，24時間都合のよいときにEメールを送信でき，受信者は自分の都合のよいときに受信したEメールを読むことができる。したがって諸外国の時差を考慮せずに送信できる。

②Eメール使用の知識とネチケット

a）Eメールは手紙での通信より手軽に書いて送信できる。手紙（紙ベース）での通信は，正式書類，形式を重んじる書類，極秘書類，私信など，いずれの送付も可能であるが，Eメールでは正式な依頼状，目上の人への御礼状，契約書等は送信しないほうがよい。
b）送信内容が不正者により，覗かれることがあるので，銀行口座番号や極秘のものなどをEメールで送信しないよう，注意する。
c）頭語，結語，時候の挨拶，安否の挨拶は不要で，平素の取引の御礼などの形式的言葉は最低限でよい。
d）日付は画面上に表示されるので入力の必要はない。
e）受信者が瞬時に内容がわかるような件名をつける。
　　例：「部長会議（○月○日）の開催について」（会議の月日を記載すると，いつの会議かが件名だけでわかる）
f）署名（会社名，氏名，住所，電話番号，FAX番号，メールアドレス）を本文の最後に入れる。
g）結語は不要で「以上」をつける。「以上」は右寄せでも左寄せでもよい。
h）Eメール作成では，1行の文字数を32～35文字に設定するとよい。受信者のパソコン画面の

注）ネットワーク＋エチケットの合成語

サイズによっては，1行に表示される文字数が異なり，規定数を超えると自動改行が起こる。すなわち，送信者の1行が受信者のパソコンには1行の途中で自動改行され2行に表示される場合があり，受信者は読みづらくなる。

i) 段落は1行あけると読みやすくなる。
j) 機種依存文字（絵文字や顔文字）は使わない。文字化け，文字抜け（脱字）が起ることがある。
k) 1メールで複数の用件を書かない。受発信者とも1メールを1用件とすると保存や検索などがしやすい。
l) 長文は避ける。1画面で用件が完結する程度の長さで作成する。説明や報告が長ければ添付文書にする。
m) 数字およびアルファベットの1文字は全角，複数の場合は半角にする。全角は間のぬけた感じで読みづらい。
n) 読点は「,」でも「、」でもかまわない。しかし句点は「。」にし「.」は使用しない。
o) 返信は早くすることが望ましい。すぐに返信できない場合は受信の旨を相手に連絡しておく。
例：「貴メール拝受しました。〇月〇日に回答します」など。
p) 送信する前に誤字，脱字，漢字変換ミスがないか読み返すこと。
q) 受信したEメールはむやみに第三者に転送しない。
r) ウイルスに感染しないよう，常時適切な処置をする。
s) 容量の大きい添付物は圧縮して送信するか，何回かに分けて送付する。
t) アドレスについて：
　　例：tachibana-k@tokyoshoji.co.jp
　　　　＠の前の「tachibana-k」はユーザー名。＠以下はドメイン名。ドメイン名は組織名や国名で成り立つ。「tokyoshoji」は団体名。「co」はcompanyの略で会社を表す。その他「ac」はacademy（学術機関），「or」はorganization（組織），「go」はgovernment（政府機関），「ne」はnetwork service（ネットワークサービス）を意味する。「jp」はJapanの略で日本を表す。

③Eメールの例

1 社　外

```
送信(S)  オプション(P)  HTML形式
宛先    furukawa-t@bestshoji.co.jp
CC
BCC
件名    立体型マスク(RM5)ご注文確認と納期について
```

ベスト商事株式会社
総務課長　古川太郎様

平成薬品株式会社、販売課の東野洋平です。平素は大変お世話になっております。

本日はご注文をいただきありがとうございました。下記のとおり確認させていただきます。

　　　　　　　　　　記

　品名、品番　　　立体型マスク（RM5）
　数量　　　　　　1,000箱
　納入期日　　　　平成〇年10月11日

なお、本商品の注文が増え、納入期日が遅れておりますこと、お詫び申し上げます。

取り急ぎご注文の確認と納入期日のお知らせまで。

以上
────────────────────
平成薬品株式会社
販売課長　東野洋平
〒123-4567　東京都港区島中町1-1
電話　03-7654-3210
FAX　03-7654-3211
Eメール　higashino-y@heiseipharma.co.jp

〈作成のポイント〉

a）できるだけ箇条書きを使い，短い文章で送信側および受信側の時間の節約を心掛ける。

b）返信する場合は件名と内容を合わせる。
　　例：受信件名「幼児用ソックスの特注」→ 返信件名「Re 幼児用ソックスの特注（承諾）」

c）宛先には to, cc と bcc がある。
　　to：本来の宛先，
　　cc：carbon copy の略。宛先以外にも参考までに写しとして同文メールを送信する宛先。
　　bcc：blind carbon copy の略。宛先人，写し人には知らせず他の人に写しを送ることである。
　　　　cc と bcc の入力は宛先の入力欄とは別の欄に入力する。
　　　　宛名人と写し人には各々のメールアドレスが画面上に表示されるので，その点を留意すること。

d）多数の人に同メールを送信する場合はメーリングリストを使用し，一斉送信する。

Ⅱ　ビジネス文書の作成

2　社　外

宛先…	yoyaku@hotel.diamond.co.jp
CC…	
BCC…	
件名：	10月20日（土）「ルビーの間」の予約

ホテルダイヤモンドタワー東京
宴会予約係御中

グローバル香料株式会社の佐伯悦男と申します。

さて、下記のとおり「ルビーの間」の予約をお願いいたします。

記

　　1　日　時　　平成〇年10月20日（土）午後1時～午後3時
　　2　宴会名　　グローバル香料株式会社お得意様感謝会

恐れ入りますが、予約のご回答を佐伯までお願いいたします。

以上
────────────────────────────
グローバル香料株式会社
販売課長　佐伯悦男
〒123-8765　東京都港区望が丘1－1
TEL　03-223-4566
FAX　03-223-4568
Eメール　etsuo-saeki@global.co.jp
────────────────────────────

4　その他の文書

3　社　内

```
宛先：　soumu@ABCkogyo.co.jp
CC：
BCC：
件名：　総務課月例会議の案内
```

総務課員各位

掲題の件、下記のとおり開催しますので出席してください。

記

1　日　時　　平成〇年10月15日（月）13:00～14:30
2　場　所　　小会議室
3　議　題　　①総務課のエコ対策
　　　　　　　②次年度の予算
4　資　料　　前回配付資料を持参のこと

なお、欠席者は必ず連絡してください。

以上

総務課長　大田次郎

Ⅱ　ビジネス文書の作成

《演習問題》

1．下記のメモを参考に送別会の案内文をEメールで作成しなさい。

```
・総務課全員宛
・発信日：平成〇年9月1日
・発信者：総務課　安達久美子
・総務課員の加藤恵子が結婚のため9月末で退職する
・総務課でお祝いし，ささやかな送別会を開催する
・日　時：9月15日（金）午後6時～8時
・場　所：イタリアンレストラン「チャオ」
　　　　　東京都中央区八重洲一丁目1
　　　　　電話　03－3456－7890
・会　費：8,000円（花束代を含む）
・出欠の回答を10日までに安達まで返信してください
```

CC	
件名	

演 習 問 題

2．下記のメモを参考にEメールを作成しなさい。

- 山口商事株式会社　秘書課　向井早苗から
  〒123-4567　東京都世田谷区山手2－2
  電話　03-2039-4857
  FAX　03-2039-4858
  Eメール　s-mukai@yamaguchi.co.jp
- 芙蓉カード株式会社　社長　芙蓉紗希子へ
- 芙蓉カードのパンフレット中のクリスマスカードを発注する
  品番　　赤富士　05番
  価格　　10,000円／箱　（100枚入り，送料込み）
  消費税　　500円
  合計　　10,500円
- 注文受領の返信をお願いいたします
- 納期　〇月〇日

件名

（2）電報（祝電・弔電）

　電報は，文書の内容が電信で届け先の最寄りの配達所へ送られ，台紙に電文が収められて，受取人に配達されるサービスである。現在はお祝い（祝電）や，お悔み（弔電）のメッセージを伝えるのによく利用される。

　電話やEメールなどに比べ，形の残るメッセージであり，式典会場で電文が披露される場合もある。

①電報の知識

a）当日配達が可能な時間帯に受け付けた電報は，全国どこでもおおむね3時間程度で届けられる。慶弔扱い電報は，配達日の3日前までに申し込むと割引がある。

b）電報の料金は，台紙の種類と文字数で決まる。電報の文面は自分で作成する方法と，文例を利用する方法がある。文例や台紙の種類は，「NTTハローページ」や取り扱い各社ホームページに記載されている。

c）受取人の住所，氏名は無料で記載されるが，差出人の住所，氏名の記載は有料となる。

d）申し込みの前に，受取人の住所（会場名），氏名，配達日，文面，台紙の種類，差出人の氏名（氏名のほかに電文に記載が必要な場合は，住所，会社名，肩書きなど）を準備する。

e）電報を打つときは，局番なしの「115」にかけるか，インターネットの各社ホームページを利用する。

②電報の例

《祝電》（結婚，開店，新築，栄転，式典，叙勲，当選などに利用）

　「ご結婚おめでとうございます。新生活の門出を心よりお祝い申し上げます。お互いに感謝の心を忘れず，笑顔あふれる家庭を築いてください。

　　　　　　　　　　　　　　　　　　株式会社　六本木製薬　業務企画室　社員一同」

　「このたびは新ビルのご落成，誠におめでとうございます。今後ますますのご繁栄をお祈り申し上げます。」

《弔電》（お悔みなどに利用）

　「ご尊父様のご逝去の報に接し，謹んでお悔み申し上げます。ご家族の皆さまのお嘆きはいかばかりかと存じます。在りし日のお姿を偲び，心からご冥福をお祈りいたします。」

　「社長様のご訃報に，当社社員一同，謹んで哀悼の意を表します。ご生前のご厚情に感謝するとともに，故人のご功績を偲び，心よりご冥福をお祈りいたします。」

〈作成のポイント〉

a）電文は，忌み言葉，重ね言葉に気をつけて作成する（参照 p.70）。

b）弔電は特に間違いが許されないので，内容は十分に確認してから発信する。

c）文例を利用する場合は，全文そのままではなく，文例の一部を入れ替えてふさわしい内容に作り変える方法もある。

演習問題

NTT ハローページ掲載文例

〈祝電〉
・お二人の前途を祝し，あわせてご多幸とご発展をお祈りします。
・ご就任おめでとうございます。健康に留意され，一層卓越した手腕を発揮されますよう，ご期待申し上げます。
・このたびは叙勲の栄に浴され，誠に，おめでとうございます。心よりご祝辞申し上げます。今後とも一層ご活躍されますよう，お祈りいたします。

〈弔電〉
・ご母堂様のご逝去の報に接し，謹んでお悔み申しあげますとともに，心からご冥福をお祈りいたします。
・ご生前のご厚情に深く感謝するとともに，故人のご功績を偲び，謹んで哀悼の意を表します。

《演習問題》

1．取引先の会長の喜寿を祝う電報を作成しなさい。

2．取引先の部長の突然の訃報を受けた場合の，お悔みの電報文を作成しなさい。

（3）英文の履歴書および添え状

外資系企業の求人募集が英字新聞等に掲載され，それに応募する場合，履歴書（curriculum vitae または resume）と添え状をつけて送付する。履歴書は企業に自己アピールできる最初の書類となる。

Curriculum Vitae の例

Name： Emi Suzuki（Miss）
Address： 2-1 Midorigaoka 3-chome
　　　　　Setagaya-ku, Tokyo 100-1234
Phone： 03-555-7878
Mobile： 090-987-6543
E-mail： Emi-Su@global.ne.jp

Education：
　March 15, 20--　Expect to graduate from Oak Tree College, English Literature Department
　March 20, 20--　Graduated from Oak Tree College, Senior High School

Work Experience： Worked at Tokyo Book Store as a part-timer during spring vacation

Qualifications：
　November, 20--　Obtained Microsoft Office Specialist Certificate（Word, Excel）
　November, 20--　Passed the Certified Bilingual Secretary Examination by the Japan Secretaries & Administrative Professionals Association

Skills：
　・Word processing（Japanese）　70 words/minute
　・General clerical work

Personal：
　・Excellent health
　・Diligent in my work
　・Date of birth: July 7, 19--

References will be provided upon request.　　　　　*Emi Suzuki*

Cover Letter の例

2-1 Midorigaoka 3-chome
Setagaya-ku, Tokyo 100-1234
December 5, 20--

Attention : Personnel Section

Hope Trading Co., Inc.
1-1 North Marunouchi
Chuo-ku, Tokyo 100-0003

Dear Sirs,

In response to your advertisement in "The Global Newspaper" dated November 30, 20--, I would like to apply for the junior secretarial position in your company.

I am twenty-three years old and expect to graduate from Oak Tree College, English Literature Department in March next year.

Please find my curriculum vitae enclosed. This shows my ability for working as a secretary in your company such as the certificate of CBS (Certified Bilingual Secretary) and MOS (Microsoft Office Specialist).

I am available for an interview at any time convenient for you and look forward to hearing from you.

Sincerely yours,

Emi Suzuki

Emi Suzuki (Miss)

Ⅱ ビジネス文書の作成

（4）英文の各種カード

欧米人とのコミュニケーションのなかで，社交文書の一つとしてクリスマスカード（季節のご挨拶），慶弔カード，お見舞カードなど，カードを使う場合がある。取引先の人間関係を大事にする上で社交文書と同様の役割を果たす。カードを有効に使いビジネスをスムーズに進めたいものである。

①クリスマスカード（Christmas Card），季節のご挨拶（Season's Greetings）

クリスマスカードは年賀状とは異なり，12月に入れば25日までに相手に届くように投函すればよい。25日近くなると日本と相手国の郵便局が混み合うので早い目に準備することが望ましい。気をつけたいのは相手により，宗教が異なるので，キリスト教でない場合は季節のご挨拶として投函する。

例：Christmas Card, Season's Greetings

```
A Merry Christmas
and a Happy New Year

（署名）Taro Ishida
```

```
Greetings of the Season
and Best Wishes
for the New Year

（署名）Jun Oguri
```

```
Wishing you
a Joyful Holiday Season
and a Happy New Year

（署名）Bill Bishop
```

②慶弔カード（Congratulations Card，Sympathy Card）

取引先から周年記念などの慶事の知らせ，または役員の不幸などの弔事の連絡が届くと，慶弔にふさわしいカードを送ることがある。

例：お祝い　（Congratulations）

Congratulations on the 50th anniversary of the foundation of your Company.

お悔み　（Sympathy）

I regret to hear that Mr. J. Smith, President of your company passed away on July -, 20---
Please accept our sincere sympathy on the passing of Mr. J. Smith, President.

③お見舞カード（Get Well Card）

欧米では相手が病気や事故にあった場合，お見舞カードを送ることがある。相手を思いやる心を表現することは日本の習慣と同じである。

例：お見舞　（Get well card）

I wish for your speedy recovery.

I pray that you will get well soon.

I pray for a quick recovery from your operation.

（5）封筒・はがきの表書き（Envelope, Post Card, Postal Card）

海外へ出す書簡の封筒は航空便 Airmail 用の封筒を使用する。封筒の周囲が赤と青で縁取られたものが一般的である。または封筒に必ず Airmail と朱書きする。航空便の指定がないと船便で送られることがある。はがきも同様である。

日本の封筒の表書きの住所を書く順序と異なるので注意する。

①Address　（宛先）

送付先の企業名や個人名を一行目に，次に住所の小分類から，中分類，大分類へと続く。封筒の中央に書く。

例：		
	Mr. Robert Smith	－ 受取人
	Muskegon Business Company	－ 企業名
	1 Hartford Street, East Muskegon	－ 番地，通り，町名
	Muskegon, Michigan　　55555	－ 都市名，州名，ZIP CODE
	U.S.A.	－ 国名

国名は郵便配達人にわかりよくするため「大文字」や「アンダーラインを引く」などの工夫がなされるとよい。

②Return Address　（発信者住所）

発信者の住所は日本の封筒の書き方と異なり，封筒の表面の左端上部に書く。企業では住所が印刷されている封筒を使用する場合もある。その場合は発信者の部署，名前をプリントするか手書きするとよい。宛名書きと同じ順に氏名，企業名，小分類の住所から中，大分類の住所順に書く。

③Mailing (Postal) Direction　（取扱い指定）

a）　Via Air Mail（航空便）：切手（Stamp）の下部または左側中央あたりに書く。

b）　Registered（書留）：封筒表面の下部左端に書く

c）　Printed Matter（印刷物）：封筒表面の下部右端に書く

Ⅱ　ビジネス文書の作成

```
┌─────────────────────────────────────────────────────────┐
│ International Cosmetics Company                         │
│ 1-8 Higashimachi 2-chome            ┌─────────┐         │
│ Minato-ku, Tokyo 103-0001           │  Stamp  │         │
│ JAPAN                               │         │         │
│                                     └─────────┘         │
│                                                         │
│                                          VIA AIR MAIL   │
│         Mr. Robert Smith                                │
│         Muskegon Business Company                       │
│         1 Hartford Street, East Muskegon                │
│         Muskegon, Michigan    55555                     │
│         U.S.A.                                          │
│                                                         │
│                                                         │
│ Registered                               Printed Matter │
└─────────────────────────────────────────────────────────┘
```

Mailing Direction

ビジネスレターで，はがきを出す場合は多くないが，封筒と同じスタイルの表書きをする。

```
┌─────────────────────────────────────────────┐
│  International Cosmetics Company            │
│  1-8 Higashimachi 2-chome      ┌─────────┐  │
│  Minato-ku, Tokyo 103-0001     │  Stamp  │  │
│  JAPAN                         │         │  │
│                                └─────────┘  │
│  VIA   AIR   MAIL                           │
│                                             │
│           Mr. Robert Smith                  │
│           Muskegon Business Company         │
│           1 Hartford Street, East Muskegon  │
│           Muskegon, Michigan    55555       │
│           U.S.A.                            │
│                                             │
└─────────────────────────────────────────────┘
```

Ⅲ 文書の受発信業務

1 受発信業務の知識

（1）受発信文書の取り扱い

①受信文書の取り扱い

　社用封筒で受信した公信文書は開封して，文書に封筒をクリップで留め，名宛人に渡す。ただし，「書留」「簡易書留」「現金書留」郵便物や「親展」と表示のあるもの，個人的な私信などは，開封せずに名宛人に渡さなければならない。重要な文書については，受信簿に記録する。

②発信文書の取り扱い

　文書を発信する場合，文書の写しをとっておく。発信記録が必要な文書は，発信簿に記入する。また，必要な場合は文書に社印や職印などの公印を押す。文書の発信方法には，封書，はがき，ファックス，Ｅメールなどがある。それぞれの長所と短所を考慮し，最も適した方法で発信する。

（2）機密文書の取り扱い

　機密文書には，部外者に見せてはいけない「部外秘」，社員以外には公開できない「社外秘」，関係者以外にはかたく秘密にされなければならない「極秘」文書などがある。機密文書の取り扱いには細心の注意を払わなければならない。

　機密文書の取り扱いには，下記のような注意が必要である。

　　a）取り扱いについては，他人の目に触れないように常に注意を払う。
　　b）コピーをとるときは，必要枚数だけにする。
　　c）破棄する場合は，シュレッダーで処理する。
　　d）配付するときは，文書に通し番号をつけ，配付先を記録しておく。
　　e）保管は一般の文書とは別にし，鍵付のキャビネットで管理する。
　　f）発送するときは，発信簿に記録する。封筒は二重にして，内側の封筒には機密文書であることを明記し，外側の封筒は透けないものを用いる。表に「親展」と記し，「書留」または「簡易書留」で郵送する。受取人に電話を入れておくとよい。

　なお，機密文書に指定されていなくても，個人情報の含まれる文書は，個人情報保護のため，取り扱いには十分注意することが必要である。

（３）文書の発信方法

①封　書

文書を封筒に入れ，郵便やメール便（宅配便）などで送付する方法である。メール便は安価であるが，信書を送ることはできない。信書とは，「特定の受取人に対し，差出人の意思を表示し，または事実を通知する文書」で，一般の手紙や請求書，納品書などがこれに該当する。封書での送付は最も丁寧な発信方法である。「書留」や「簡易書留」で郵送し「親展」扱いにすれば，機密文書にも利用できる。

②はがき

「郵便はがき」や，それに準じた「私製はがき」に記入して郵送する。「郵便はがき」は郵送料金を含んでいるが，「私製はがき」は切手を貼る必要がある。相手からの返事が必要なときは「往復はがき」を使用する。はがきは簡単な連絡に便利であるが，内容は第三者に見られてもよい短い文面のものに限られる。ただし，文面を内側に折り込んで密着する「圧着はがき」や保護シールを使用すれば，「親展」扱いの文書を送付することもできる。

③ファックス／ファクシミリ

電話回線を利用して送信する方法である。送信時には送り状（送信年月日，送信先，発信元，簡単な挨拶文，送信枚数を記入）をつける。文字やイラストなどをそのまま送信することができ，即時に情報を伝えることができる。発信文書や発信記録が残るので便利である。しかし，封書に比べて丁寧さを欠き，着信時に第三者の目に触れる可能性があるため機密文書の送付には適さない。誤送信を防ぐため，発信時に相手の番号をよく確認することが大切である。

表3-1　発信方法の比較

項　目	利用方法	長所	短所
封　書	・すべての文書に利用	・最も丁寧な方法 ・機密文書や多量の文書発送に適する	・郵送日数がかかる
はがき	・簡単な連絡，通知 ・中元，歳暮の礼状，年賀状，暑中見舞など	・安価，手軽 ・圧着はがきやシール等の使用により機密保持が可能である	・郵送日数がかかる ・文書の長さに限りがある
ファックス	・文書，図面，地図，絵など	・手軽，速い	・機密文書，儀礼文書には不適当
Ｅメール	・業務上の連絡や問い合わせ	・手軽，速い ・文書の保存，加工，転送が容易	・儀礼文書には不適当 ・受信者に合わせた対応が必要

2　郵便の知識

近代日本の郵便制度は，1871年（明治4年）にイギリスの制度を参考にして導入された。全国均一料金制度と，切手を貼ってポストへ投函すれば相手に届くポスト投函制度が大きな特色であ

る。2007年（平成19年）に郵政事業は民営化された。

通常郵便物は，郵便番号読取区分機で自動的に仕分けされるため，郵便番号は正しく丁寧に書かなければならない。郵便番号が間違っていれば，誤配や遅配の原因となる可能性がある。郵便番号は郵便番号簿やインターネット「ゆうびんホームページ」で検索できる。

郵便物には，通常郵便物のほか，ゆうメール，レターパックなどの郵便サービス，レタックス，国際郵便物などがある。通常郵便物は，必要に応じてオプションサービスをつけることができる。また，大量郵便物については特別の制度もある。

書き損じた郵便はがきやミニレター，レターパックは，所定の手数料を支払えば交換することができるが，料金を表す部分を汚してしまうと交換ができなくなるので注意する。

利用代金やサービスは変更になる場合があるので，常に新しい情報を得て，経済的かつ適切な方法を選んで利用することが大切である。

（1）通常郵便物

通常郵便物には，第一種から第四種までの種類があり，それぞれの重量，大きさが決まっている。切手を貼るときは，正確な料金を調べて過不足のないようにする。料金不足の場合は，受取人が不足分を徴収されたり，差出人へ郵便物が戻されることになる。

①**第一種郵便物（封書）**
　a）定形郵便物
　　〈重　量〉　50gまで（25gまでは最低料金）
　　〈大きさ〉　厚さ　1cmまで
　　　　　　　最大　23.5cm×12cm
　　　　　　　最小　14cm×9cm
　b）定形外郵便物
　　〈重　量〉　4kgまで
　　〈大きさ〉　最大　A＝60cm　A＋B＋C＝90cm
　　　　　　　最小　14cm×9cm
　　　　　　　（その他，特例がある）
　c）ミニレター（郵便書簡）
　　　折りたたみ式になっている封筒兼用の便箋で，はがきの3倍のスペースがある。重さが25gを超えない範囲で写真やメモを同封することができる。

②**第二種郵便物（はがき）**
　a）通常はがき
　　〈重　量〉　2〜6g
　　〈大きさ〉　最大　15.4cm×10.7cm
　　　　　　　最小　14cm×9cm

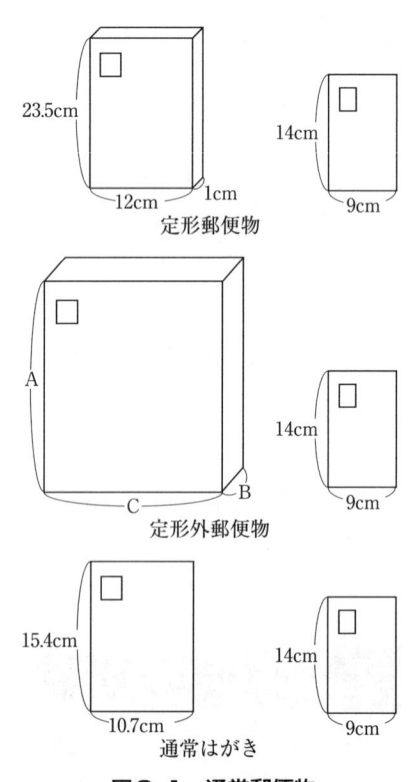

図3-1　通常郵便物

はがきには，重さ6gを超えない範囲で薄い紙やシールなどを貼ることができる。
　b）往復はがき
　　　重量，大きさは，通常はがき2枚分と同じである。

③第三種郵便物
第三種郵便物として承認を受けた定期刊行物（新聞，雑誌類）

④第四種郵便物
通信教育用郵便物，点字郵便物，学術刊行物など

（2）特殊取扱郵便物

郵便は，通常の料金にオプションサービスの料金を加算することで，下記のような特殊取扱郵便物にすることができる。

表3-2

目　的	郵便の種類	対　象	特　徴	差出方法
至急送る	速達	通常郵便物	最速便で配達する。	表面最上部に赤線，または「速達」と赤で書く。郵便窓口差出 ポスト投函
現金を送る	現金書留（損害要償額50万円まで）	現金（硬貨も可）のほか，のし袋や通信文を同封できる。	万一の場合は損害賠償が受けられる。追跡サービスがある。	現金封筒使用 郵便窓口差出
大切なものを送る	書留（損害要償額500万円まで）	小切手・手形・郵便為替・商品券など	万一の場合は損害賠償が受けられる。追跡サービスがある。	郵便窓口差出
	簡易書留（損害要償額5万円まで）	重要書類・原稿・機密文書など	書留よりも損害賠償額が低く，料金が安い。追跡サービスがある。	郵便窓口差出
郵便物の各種証明を受ける	引受時刻証明	書留郵便物	書留郵便物を引き受けた時刻を証明する。	郵便窓口差出
	配達証明	書留郵便物	書留郵便物を配達したことを証明する。	郵便窓口差出
	内容証明	書留郵便物	いつ，誰から誰宛にどのような内容の文書が差出されたかを証明する。	郵便窓口差出
代金を受け取る	代金引換	通常郵便物	配達時に郵便物と引き換えに代金を受け取り，差出人へ送金する。	専用ラベル使用 郵便窓口差出
配達日を指定する	配達日指定	通常郵便物 ゆうメール	指定の日に郵便物を配達する。	郵便窓口差出

（2019年1月現在）

（3）その他の郵便物

①ゆうメール（旧冊子小包）

雑誌，書籍，カタログ類を送付する場合，ゆうメールにすれば定形外郵便より安価で送ることができる。重量は3kg以内で，信書は同封することはできない。封筒の一部を開封して，表に「ゆうメール」と記載する。郵便窓口のほか，ポスト投函もできる。

②レターパック

レターパックとは，Ａ４ファイルサイズ（340mm×248mm）の郵便料金込みの特定封筒である。重量が4kg以内であれば利用できる。信書を送付することができ，追跡サービスが利用できる。郵便窓口のほか，ポスト投函もできる。受取人の郵便受箱へ配達するものと，手渡し配達するものとの2種類がある。

③レタックス

レタックスとは，手書き文字やイラストなどのオリジナルの文面をスピード配達するサービスである。冠婚葬祭用やその日のうちにメッセージを届けたいときに利用する。「ゆうびんのホームページ」に例文やサンプルがあるので参考にするとよい。当日配達可能な時間に申し込めば，当日配達ができる。

郵便窓口やホームページから申し込む場合は，料金は文字数に関係なく通信枚数と台紙の種類で決まるが，電話で申し込む場合は，文字数によって料金が変わる。

（4）大量発送の郵便物

文書を大量に発送するときには，効率よく作業ができる便利な制度や，割引制度があるので利用するとよい。主なものとして次のようなものがある。それぞれ，郵便物の表面左上部（横長のものは右上部）に決まった表示方法がある。

①料金別納郵便

同一料金の郵便物を同時に10通以上出すとき（料金ごとに分けて差出す場合は同一料金でなくてもよい），別納のスタンプを押すか印刷することで，切手を貼らずに出すことができる。料金はまとめて支払う。ただし，儀礼的な手紙の場合は利用しないほうがよい。

②料金後納郵便

毎月50通以上の郵便物を出す場合，料金を１か月分まとめて後納することができる。承認を受けて，後納のスタンプを押すか印刷する。

③郵便区内特別郵便物

同一の郵便物を100通以上出すとき，郵便の引き受けおよび配達が同一郵便区内であれば料金が割引される。

④料金受取人払

アンケートなどで，差出人に料金負担を掛けずに返信をもらうときに利用する。受け取った郵便物の数だけ料金を支払えばよい。

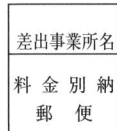

Ⅲ　文書の受発信業務

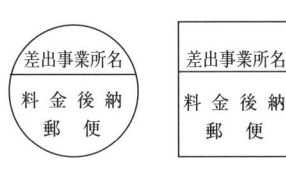

図3-2　大量郵便物の表示例

（5）国際郵便

①国際通常郵便

　航空便，船便があり，それぞれ書状，郵便はがき，印刷物（5kgまで），小形包装物（2kgまで）などがある。そのほか安価で利用できる航空便として，航空書簡やエコノミー航空（SAL）郵便がある。

②国際スピード郵便（EMS）

　書類や物品（30kgまで）を最も速く海外に送ることができる。無料専用封筒，集荷サービス，郵便追跡サービスが利用でき，万一に備えての損害賠償制度がある。また，差出数に応じて割引がある。

3　用紙と封筒

（1）用紙のサイズ

　ビジネスで使用する用紙にはA判とB判があり，日本工業規格（JIS）でサイズが決められている。A判は世界各国で使用されている国際規格であるが，B判は日本独自の国内規格サイズである。一般に広く利用されている用紙はA4（297mm×210mm）とB5（257mm×182mm）で

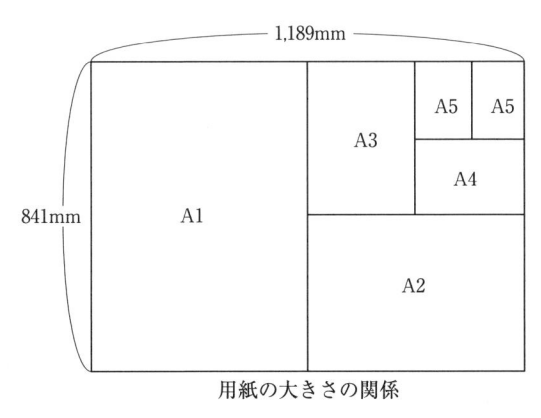

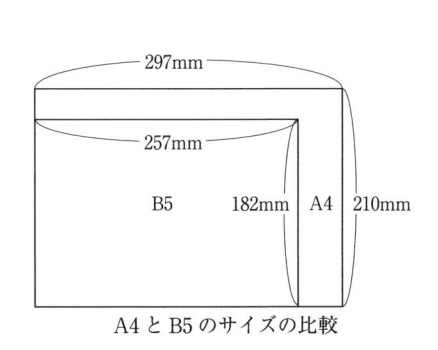

図3-3　用紙のサイズ

あるが，国際化に伴い最近はＡ４が標準となってきている。

用紙の大きさは，Ａ３はＡ４の２倍，Ａ４はＡ５の２倍となっており，これはＡ判Ｂ判ともに共通している。図示すると図３-３のようになる。

（２）封筒のサイズ

封筒のサイズは日本工業規格（JIS）で決められている。最もよく使われるのは，定形郵便物として郵送できる長形３号と長形４号である。

封筒の種類は，角形（かくがた），長形（なががた），洋形（ようがた）に大別される。

表3-3　封筒の種類

封筒名称	通　称	大きさ	封入物
角形１号	かくいち	Ｂ４判のものが折らずに入る	資料や原稿など
角形２号	かくに	Ａ４判のものが折らずに入る	資料やカタログなど
角形３号	かくさん	Ｂ５判のものが折らずに入る	書籍や雑誌など
長形３号	ながさん	Ａ４判のものが横三つ折りで入る	文書など
長形４号	ながよん	Ｂ５判のものが横三つ折りで入る	文書など
洋形３号	―	はがきサイズのものが入る	招待状や挨拶状など

（３）用紙の綴じ方（ステープラ）

ステープラ（ホチキス）で書類を綴じる場合，横書きの場合は用紙の左上，縦書きの場合は用紙の右上を綴じるのが一般的である。ステープラの針は斜めに綴じる（図３-４参照）。

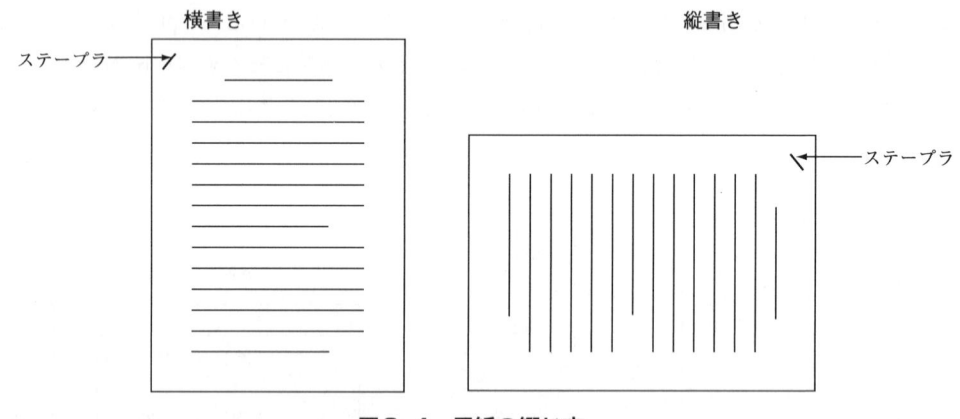

図３-４　用紙の綴じ方

4 はがき・封筒の書き方

（1）はがきの表書き

はがきの表書きは，文字の大きさや字配りに注意して書く。はがきの表側には，下部2分の1または，宛名が明確である範囲で，通信文などを記載することができる。

```
郵便番号は機械が読み取れるように
正確に記入する
```

〔図：はがきの表書きの例〕

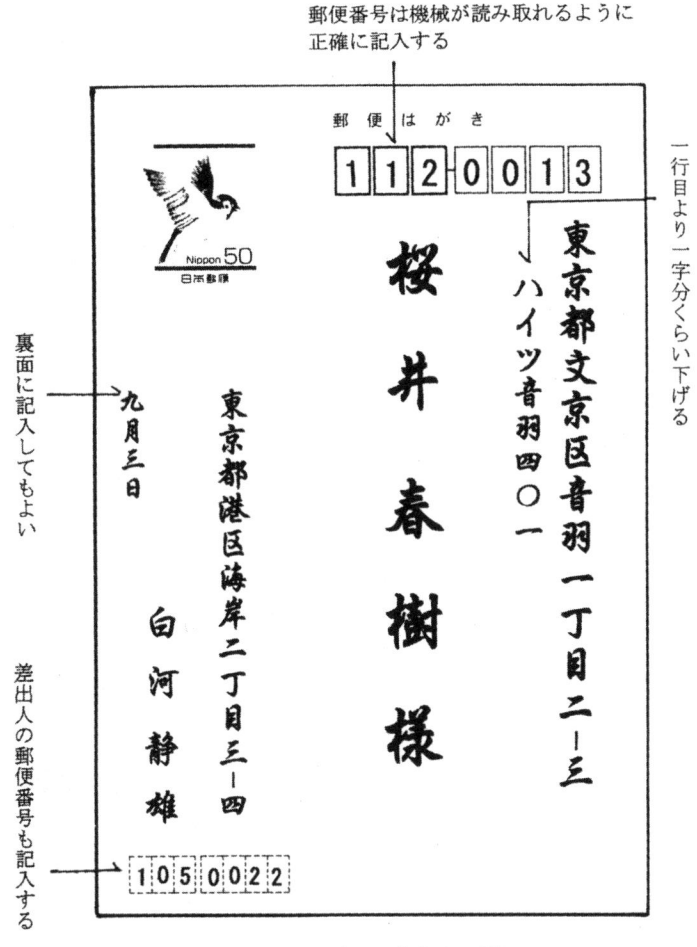

- 一行目より一字分くらい下げる
- 東京都文京区音羽一丁目二―三
- ハイツ音羽四〇一
- 桜井春樹様
- 裏面に記入してもよい
- 九月三日
- 東京都港区海岸二丁目三―四
- 白河静雄
- 差出人の郵便番号も記入する
- 1050022
- 1120013

図3-5 はがきの表書きの例

〈作成のポイント〉
 a）住所は右端の郵便番号の枠の下から，一行または二行で書く。
 b）受取人の名前と敬称は，住所より大きい字で，はがきの中央に書く。
 　会社名や集合住宅名が入る場合は，住所よりやや小さい字で書く。
 c）差出人の住所と名前は，切手の下方に宛名より小さめの字で書く。裏面の最後に書いてもよい。

4 はがき・封筒の書き方

（2）往復はがきの書き方

往復はがきは，往信用と返信用はがきが一枚つづりになっているはがきである。

差出すときは，「往信」と記載のある面に受取人の住所，名前，敬称を書き，「返信」と記載されている面に返信して欲しい宛先（差出人の住所，名前など）を書く。返信先の名前には敬称はつけず「行(いき)」と名前の下に書く。「往信」と記載ある面が外側にくるように折って投函する。

返信するときは，往信はがきを切り離し，返信はがきに返事を記入して投函する。

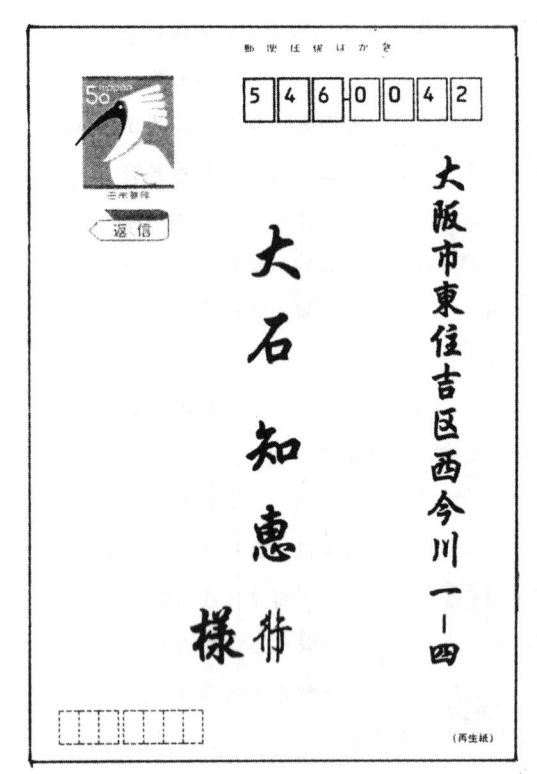

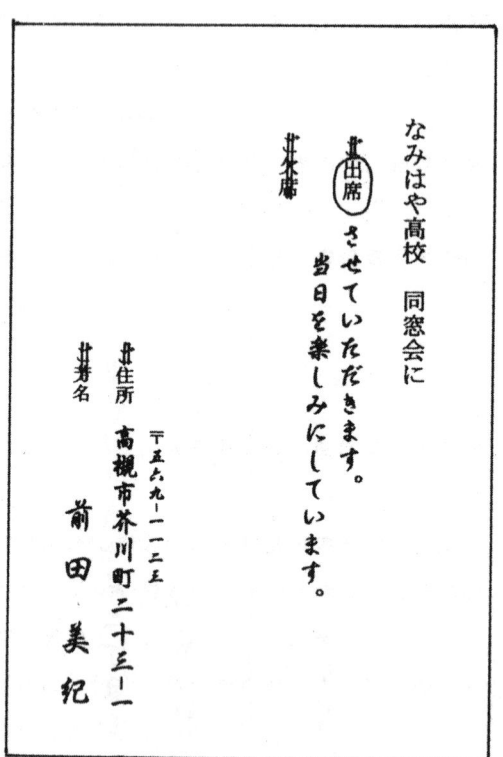

図3-6　返信はがきの例

〈作成のポイント〉

a）出席，欠席の該当しない方を2本線で消し，該当する文字の下に「させていただきます」と書き加える。場合に応じて，お祝いの言葉や，欠席の理由などを書き添える。

b）「御」「ご」「芳」「貴」など，自分宛の敬称はすべて2本線で消す。

c）宛名の「行」を2本線で消し，個人宛なら「様」「先生」など，会社や団体なら「御中」に書き直す。

d）返信はがきは，できるだけ早く書いて投函する。

(3) 封筒の書き方

　封筒の表書きは，はがきと同じく文字の大きさや字配りに注意して，バランスよく丁寧に書くことが大切である。差出人の住所と氏名は，封筒の裏に書く。会社名や団体名，氏名は，略字や略称を使わず正式名称を書かなくてはならない。

①封筒の表書き
　a）文字の大きさは，はがきと同様に，受取人の名前と敬称を一番大きく書く。次にやや小さく住所，さらに小さく会社名（団体名や集合住宅名など）となる。

　b）縦書きの場合，住所は封筒の右端から1cmくらいあけて1行または2行で書く。2行になるときは，区切りのよいところで改行し，1行目より少し下がった位置から書き出す。

　c）受取人の名前と敬称は，できるだけ封筒の中央に書く。

　d）郵便番号を正確に記入すれば，都道府県名や市区町村名を省略できるが，正式な書類やあらたまった場合などでは省略しない。

　e）切手は，封筒が縦置きの場合は左上，横置きの場合は右上に貼る。郵便番号の枠の左側が切手の位置である（参照 p.104の図）。

②封筒の裏書き
　a）文字の大きさは，表書きの文字より小さくする。差出人の名前は，住所より少し大きめに書く。

　b）縦書きの場合，封筒裏面の中央に合わせ目がある場合は，合わせ目の右側に住所，左側に名前を書く。ただし，裏面に合わせ目がない場合や，郵便番号枠が左側に印刷されているときは，住所と名前を左側に書いてもよい。

　c）日付を記入する場合は，左上に書く。ただし，住所と名前を左側にまとめて記入したときは，バランスを考慮して右上に書くこともある。

③洋形封筒を使うときの注意
　・洋形封筒を縦向きに使うときは，慶事の場合は，図3-7のように裏面から見て右に封筒のふた（フラップ）がくるようにする。弔事の場合は逆で，左に封筒のふたがくる。

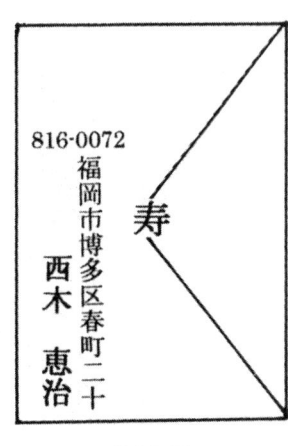

図3-7

④封筒の書き方　縦長封筒の例

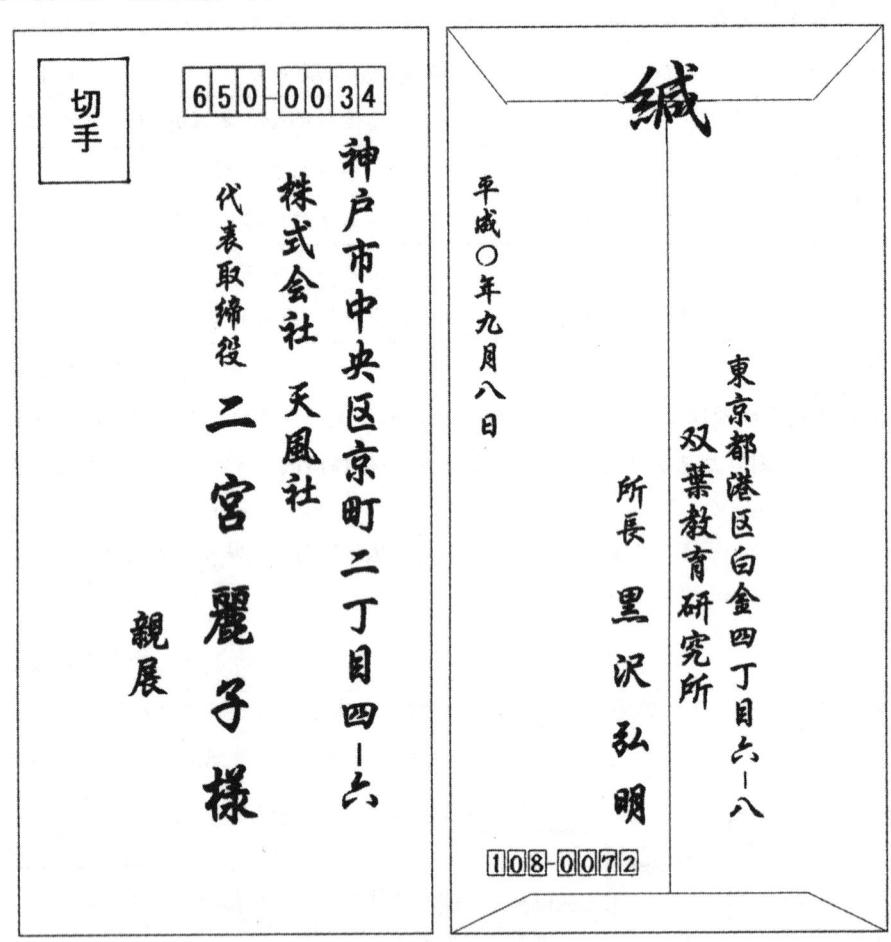

図3-8　縦置きの場合

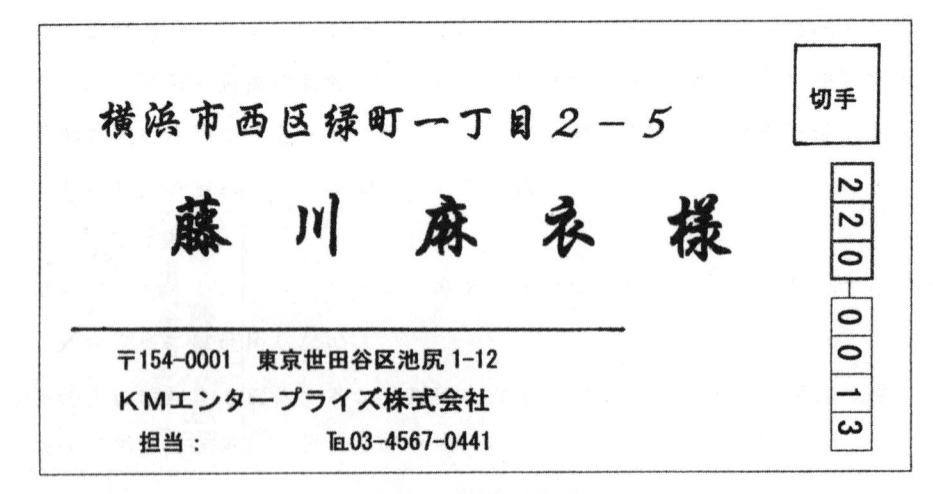

図3-9　横置きの場合

⑤脇付け

脇付けとは，手紙の内容や同封物を手短に伝えるために封筒の表側に書く言葉である。縦書きの場合は受取人名の左横，横書きの場合は下に，やや小さく書き添える。

表3-4 脇付けの意味

親　展	受取人本人が開封する
至　急	至急処理して欲しい
重　要	重要な内容で取り扱いに注意して欲しい
○○在中	内容物を表示する言葉 例：「写真在中」「請求書在中」「見積書在中」「履歴書在中」

⑥気付，様方

郵便物を相手の住所ではなく，ホテルなど一時的な滞在場所や関係ある場所宛に送るときは，住所に続けて，団体の場合は「気付」，個人名のときは「様方」と書く。

気付の例：　グランドホテル気付　　秋山　幸子　様

様方の例：　沢田様方　　藤田　茂　様

（4）用紙の折り方，封入の仕方

用紙を折って入れる場合は，受取人が開きやすいように配慮して，きっちり等分に折るのではなく5mm程度ずらして折るのがよい。

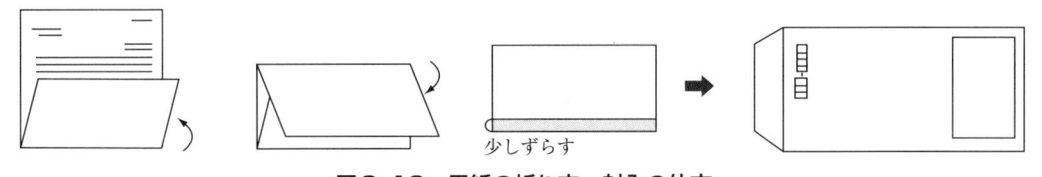

図3-10　用紙の折り方，封入の仕方

a）三つ折りの場合，最初に下部の3分の1を折り，次に上部の3分の1弱を下に向けて重ねる。

b）書き出し部分を封筒の表側にし，封筒のあけ口のほうへくるようにして入れる。

c）長形封筒を使用するときは，四つ折りにする場合もある。そのときは，上下を二つ折りにし，さらにもう一度上下に二つに折る。

（5）封筒の封の仕方

封筒は糊で封をする。セロハンテープやステープラ（ホチキス）で封をするのは略式なので，社外文書には使用しない。

封じ目の上には封字を記入するか，封印を押す。封字には「〆（しめ）」，「封」，「緘（かん）」などがある。慶事の場合は「寿」，「賀」などを用いる。

演 習 問 題

《演習問題》
1．次の文章は，上司あての文書を受信するときの注意事項である。正しいものには（○），間違っているものには（×）をつけなさい。
　1）親展の郵便物は，開封せずに上司に渡す。（　　）
　2）公信か私信かわからないものについては，開封しないで渡す。（　　）
　3）現金書留郵便は，開封して，中身の金額をチェックしてから渡す。（　　）
　4）社用封筒で送られてきた郵便物は，公信と判断して開封して渡す。（　　）
2．郵送の方法について，正しいものには（○），間違っているものには（×）をつけなさい。
　1）定形の封筒であっても，厚みや重さによって定形外郵便となることがある。（　　）
　2）雑誌を知人に郵便で送るとき，安く送るために定形外郵便にした。（　　）
　3）ゆうメールを送るとき，封筒の一部を開き表面にゆうメールと記載した。（　　）
　4）友人へ結婚祝いを送るとき，祝儀袋に入れた現金と祝い状を封筒に入れて，書留にして送付した。（　　）
　5）役員交代の挨拶状を150社に送るとき，料金別納で送った。（　　）
3．次の文章の（　）内に適切な語を下欄から選んで記入しなさい。

　　┌──────────────────────────────────┐
　　│　書留，　簡易書留，　現金書留，　ゆうメール，　定形外郵便，　│
　　│　速達，　機密文書，　料金受取人払，　親展，　料金別納　　　　│
　　└──────────────────────────────────┘

　1）取引先に重要書類を送るとき，確実に届くようにするために（　　　）で送った。
　2）得意先30社にパンフレットを送るときに，切手を貼る手間を省き（　　　）で送った。
　3）会社が出版した書籍を送るときに（　　　）で送った。
　4）商品券10万円分を送付するとき（　　　）で送った。
　5）アンケートなどの返信用封筒には（　　　）が適している。
4．次の文章は機密文書の取り扱いの注意点である。下欄から適切な語を選び記入しなさい。

　　┌──────────────────────────────────┐
　　│　上司の引き出し，　鍵のかかるところ，　保管先，　配付先，　親展，│
　　│　機密文書在中，　書留，　速達，　簡易書留，　ゆうメール　　　　│
　　└──────────────────────────────────┘

　1）保管するときは，（①　　　）に保管する。
　2）配付するときは，番号をつけて（②　　　）と名前を記録しておく。
　3）郵送する際は二重封筒にし，内側の封筒には（③　　　）と記入し，外側の封筒は表に（④　　　）と記す。（⑤　　　）あるいは（⑥　　　）扱いで送付する。
5．次の文章の（　）内に適切な言葉を入れなさい。
　用紙の大きさには（①　　）判と（②　　）判があり，両者とも「0」が一番大きく，番号が一つ増えるごとに面積は（③　　）分の（④　　）になる。

6. 販売促進用のポスター「A2判」を四つ折りにして送付するよう指示された。この場合封入する封筒は，どれが適切か選んで（〇）をつけなさい。

　　1）A1判が入る大きさの封筒（　　）
　　2）A3判が入る大きさの封筒（　　）
　　3）A4判が入る大きさの封筒（　　）

7. 封筒の書き方について，（　　）内に下欄から適切な語を選んで記入しなさい。

　　　　速達，　至急，　写真同封，　写真在中，　住所，　会社名，　氏名・敬称

　　1）封筒の表書きを書くとき，一番大きい文字で書くのは（①　　　）である。
　　2）脇付けを書くときは，急ぎのものには（②　　　）と書き，写真が同封してあれば（③　　　）と書く。

8. 友人の結婚披露宴の招待状に同封されている返信はがきに，「出席」の返事をするように記入しなさい。

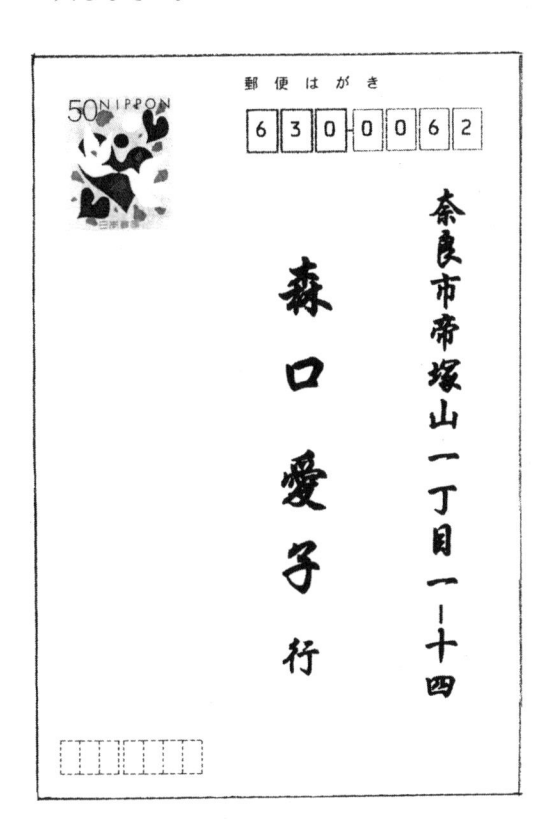

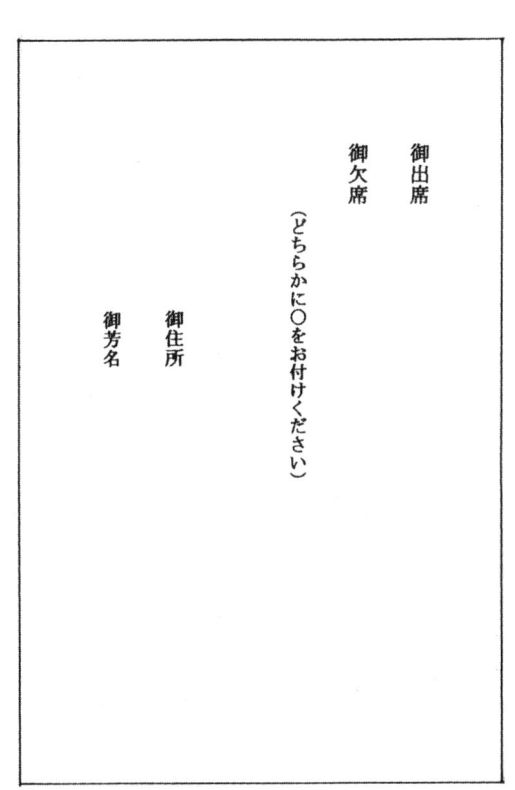

演 習 問 題

9．履歴書を送付する場合の，封筒の表書きと裏書きを，縦書きでバランスよく書きなさい。
　1）受取人　〒102-0072　東京都千代田区九段一丁目2-3
　　　　　　　九段商事株式会社　人事部
　2）差出人　自分の住所，氏名を記入
　3）脇付けを記入

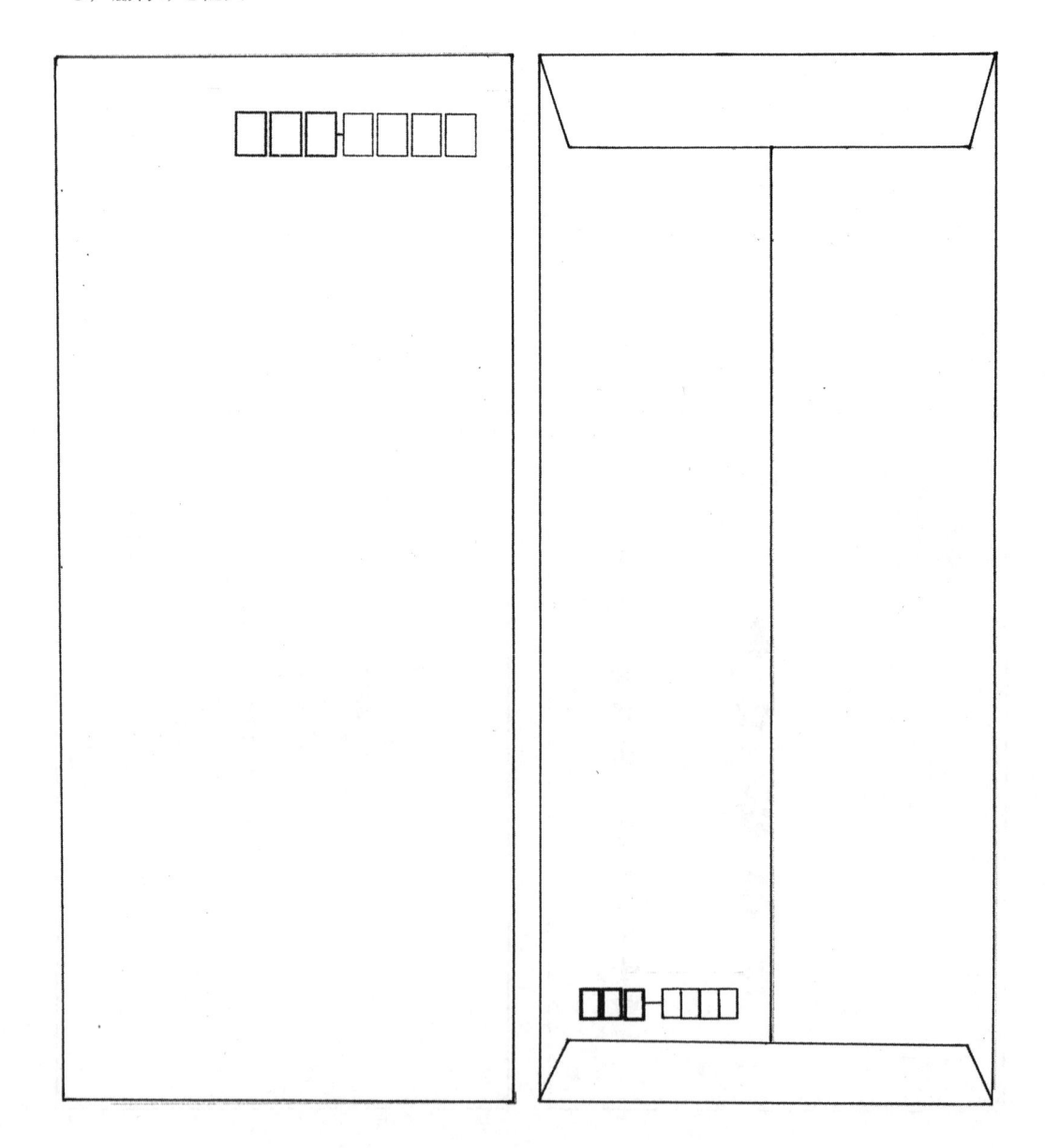

Ⅳ　文書の管理

　ファイリングとは，文書を分類，整理，保管することである。ビジネス現場では，多くの文書が発生する。必要なときに，必要な文書を即時，取り出せるといったように，効率的な文書の管理が必要となる。

1　ファイリングの過程

　ファイリング・システムは，図4-1のように，文書の分類・整理から廃棄までの一連の過程をいう。ビジネス現場でファイリング・システムが導入されている目的は，
　a）情報の共有化
　b）文書検索の能率化
　c）スペース・コストの節約
　d）文書の私物化を防止
などがある。これらを実現するためには，文書を「どのようにまとめるか」「どのような用具を使用するか」「どのようにファイルを並べるのか」を考えて実施するとよい。

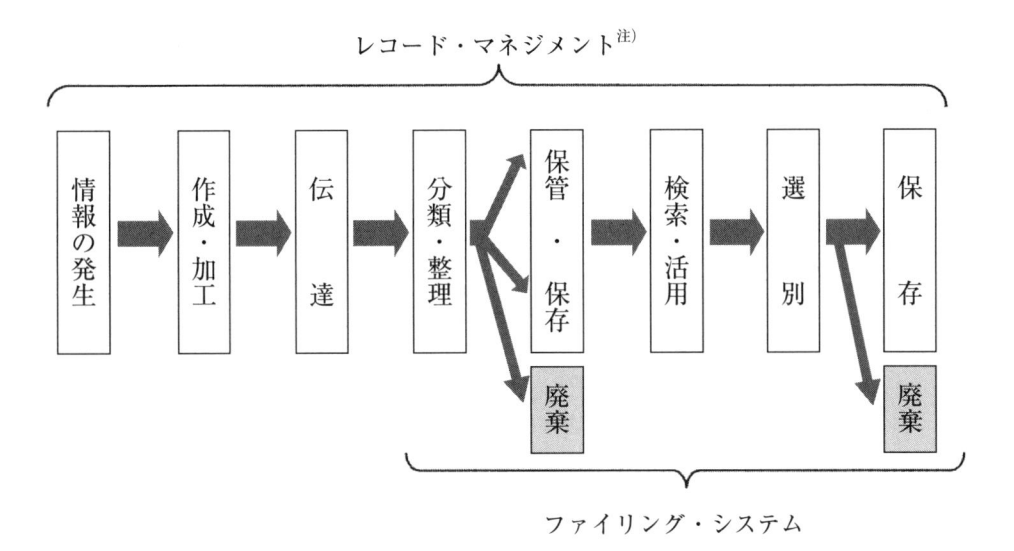

　情報の発生 → 作成・加工 → 伝達 → 分類・整理 → 保管・保存 → 検索・活用 → 選別 → 保存
　　　　　　　　　　　　　　　　　　　　　　　↓　　　　　　　　　　　　　　　↓
　　　　　　　　　　　　　　　　　　　　　　　廃棄　　　　　　　　　　　　　　廃棄

　レコード・マネジメント注）：分類・整理から保存までを含む
　ファイリング・システム：分類・整理から廃棄までを含む

　注）情報の発生から活用，保管，保存，廃棄までを対象とした総合的な管理のこと

図4-1　文書の発生から廃棄までの流れ

1 ファイリングの過程

(1) 文書のまとめ方

集中して文書を管理するには、ある基準にしたがって文書をグループ別にまとめて整理して保管するとよい。具体的には、文書を「受信」と「発信」の控えで区別し、日付順や受発信者氏名でまとめたりする。表4-1は、主な文書のまとめ方である。

表4-1 文書のまとめ方と具体例

名 称	まとめ方と具体例
日付別	文書の発生日、処理日によってまとめる。 例）6月1日、6月2日
相手先別	相手先の名称・名前ごとにまとめる。 例）ABC商事、東西物産
主題別	文書の主題（テーマ）ごとにまとめる。 例）採用試験、社内研修
形式別	文書の形式ごとにまとめる。 例）稟議書、報告書
標題別	形式別で分類されたものを細分化してまとめる。 例）見積書、注文書
一件別	仕事の発生から終わりまでをまとめる。 例）150周年記念行事、「町おこし」対策プロジェクト

Ⅳ　文書の管理

　相手先別・主題別などでまとめたものを，さらに，五十音・地域・日付などによって体系的にまとめる。次は五十音順別の例である。

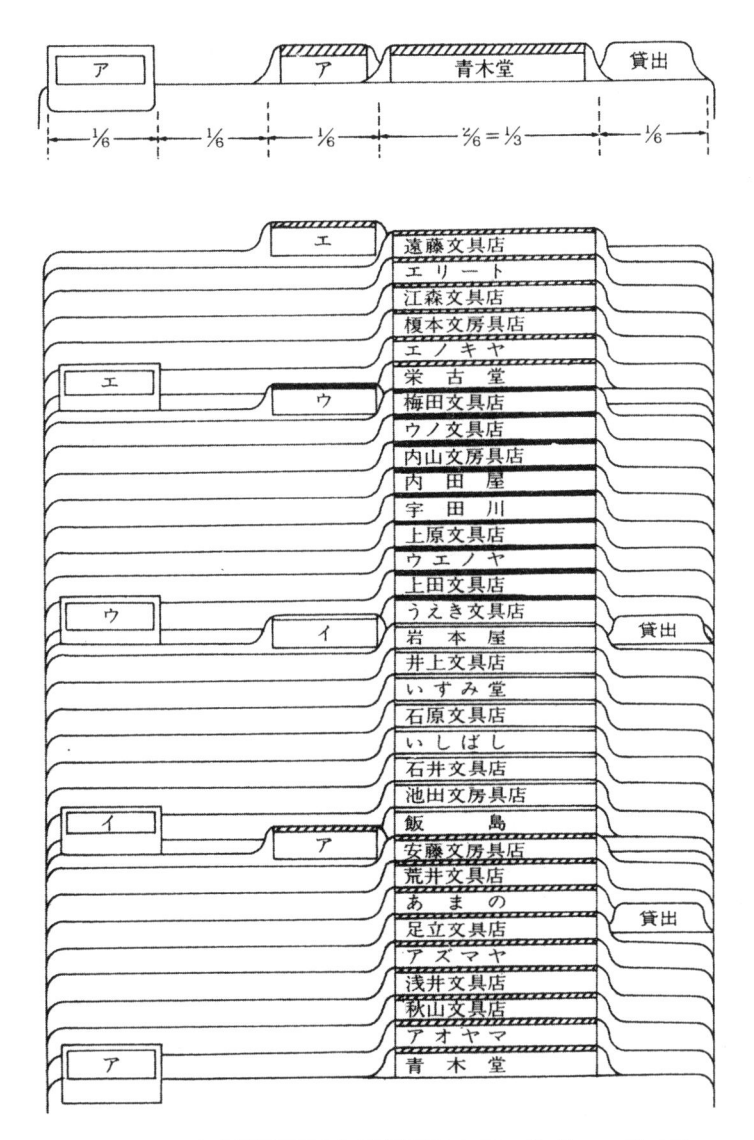

図4-2　五十音順別相手先別整理法とフォルダー，ガイド

出典）三沢仁・森脇道子：新訂秘書実務改訂版，p.200，早稲田教育出版，1989

（2）ファイリングの方法

多くのビジネス現場で導入されているファイリングの代表的なものに，バーチカル・ファイリング，オープン・ファイリング，ボックス・ファイリングがある（図4-3）。

①バーチカル・ファイリング：文書をフォルダーにまとめ，引き出し型のキャビネットに垂直に立て整理する。

②オープン・ファイリング：文書をフォルダーにまとめ，棚や書架などの開架となるものを使用して整理する。

③ボックス・ファイリング：文書をフォルダーにまとめ，専用箱に入れて整理し，保管庫・書架などに収納する。

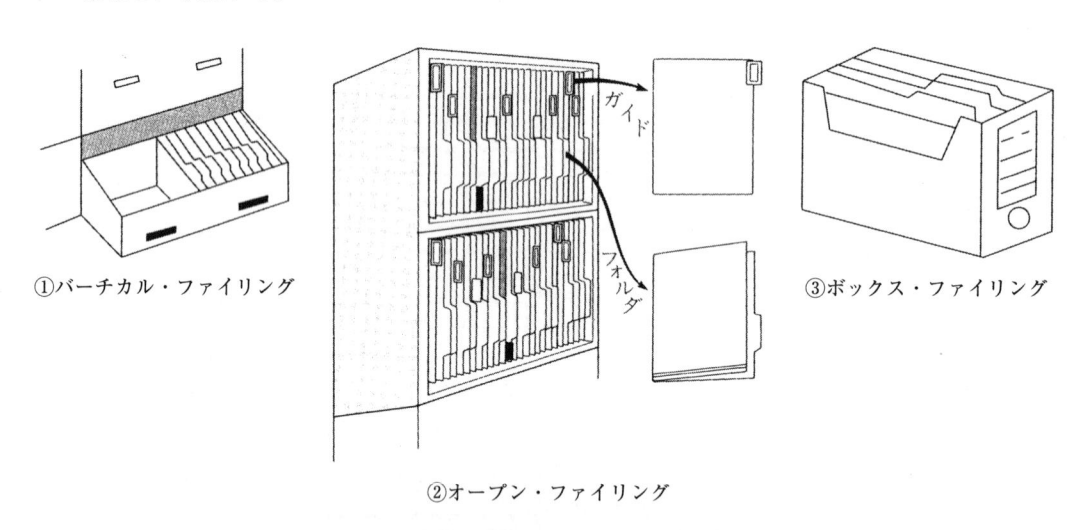

図4-3　代表的なファイリング方法

出典）①③　黒田廣美・雑賀憲彦・田中朋子・田中雅子・中村芙美子・水原道子・横山秀世：実践オフィスワーク，p.108，樹村房，1999
　　　②　安田賀計・島田達巳：最新文書事務，p.133，実教出版，1997

これらの共通点は，「フォルダー」と呼ばれる，厚い紙挟みに文書を入れて分類・整理することである。原則としてフォルダーの中の文書は綴じない。

2　ファイリングの用具

（1）基本的な用具

ここでは，フォルダーを用いたファイリング方法に必要な用具を紹介する。

①個別フォルダー：個別フォルダーとは，5，6枚以上にまとまった文書を入れる紙挟みをいう。同一フォルダーの文書が70枚から80枚になったときは，別の個別フォルダーを作り，分

類を細分化する。

②**雑フォルダー**：雑フォルダーは，個別フォルダーのように分類できない文書を入れておく紙挟みをいう。この場合，文書の枚数が5,6枚以上になった時点で，新しく個別フォルダーを用意し，移し替える。

③**ガイド**：ガイドは，フォルダーの位置を検索するための案内板の役目や関連するフォルダーをまとめる仕切りである。第1ガイドは大分類，第2ガイドは中分類となる。

①個別フォルダー　　②雑フォルダー　　③第1ガイド　　④第2ガイド

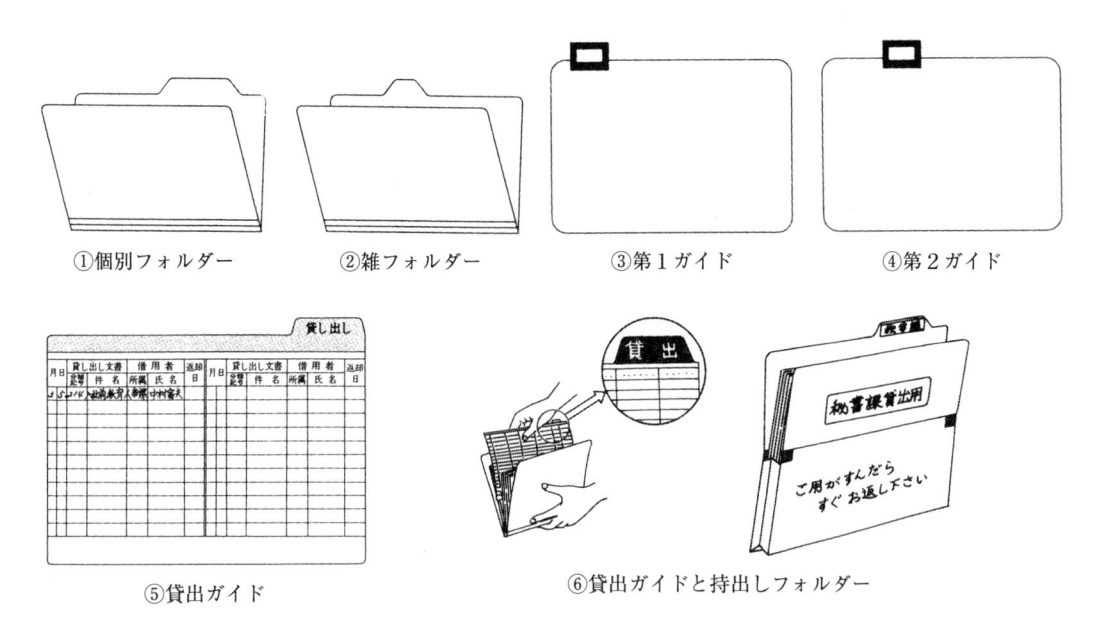

⑤貸出ガイド　　　　　　　　⑥貸出ガイドと持出しフォルダー

図4-4　各種フォルダーとガイド

出典）①～④　黒田廣美・雑賀憲彦・田中朋子・田中雅子・中村美美子・水原道子・横山秀世：実践オフィスワーク，pp.102-103, 樹村房, 1999
　　　⑤　安田賀計・島田達巳：最新文書事務, p.143, 実教出版, 1997
　　　⑥　三沢仁・森脇道子：新訂秘書実務改訂版, p.202, 早稲田教育出版, 1989

④**貸出ガイド**：キャビネットから文書を持ち出す際に，その文書の代わりとして貸出ガイドを差しておく。そこには，貸出した書類名，貸出先，貸出日，返却予定日などを記入する。文書が戻れば，このガイドを抜き，引き出しの一番手前に差しておく。

⑤**持出しフォルダー（貸出用持出しフォルダー，貸出フォルダー）**：フォルダー内の全文書を貸し出す際は，持出しフォルダーに入れ替えて貸す。貸出ガイドは空になったフォルダーに差しておく。

⑥**ラベル**：フォルダーの見出しに，タイトルを記入してその見出しに貼る。ガイド用のラベルは，そのガイドに記入し，第1ガイド，第2ガイドに差し込む。

⑦**キャビネット**：キャビネットとは，フォルダーを立てて収められる引き出しのついたものをいい，縦型2段と縦型4段，横型3段などがある。

2　ファイリングの用具

キャビネット（縦型・横型）

図4-5　ファイリング什器

出典）高橋光男・中佐古勇・森貞俊二・吉田寛治：入門事務・文書管理, p.148, 嵯峨野書院, 1996

（2）その他の用具

次は、文書を整理・保管するときに必要な用具である。

① クリップ：クリップはゼムピンとも呼ばれ，枚数の少ない文書を仮にまとめるときに使う。横書き文書の場合，左肩に止める。

② ダブルクリップ：枚数の多い文書をまとめるときに使う。横書き文書の場合，左肩に止める。

③ ステープラー：ステープラーは別名ホッチキスと呼ばれる。手動式から電動式のものまである。横書き文書の場合，左肩に止める。

④ パンチ：パンチは，文書に綴じるための穴を空ける穴空け器で，二穴パンチから多穴パンチまである。

⑤ トレー：トレーは決裁箱とも呼ばれ，通常，二段式が多い。上段に未決裁の書類を，下段に決裁済みの文書を入れて使うことが多い。

①クリップ　　②ダブルクリップ　　③ステープラー　　④パンチ　　⑤トレー

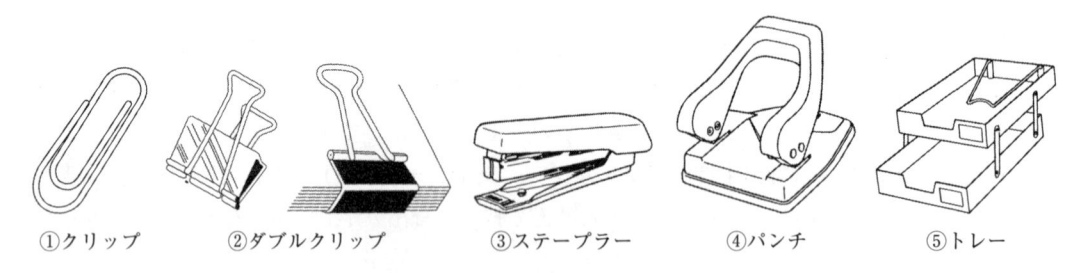

図4-5　文書管理に役立つ用具

出典）①② 黒田廣美・雑賀憲彦・田中朋子・田中雅子・中村美美子・水原道子・横山秀世：実践オフィスワーク, p.101, 樹村房, 1999
③〜⑤ 三沢仁監修　天野恒男・上山俊幸・中佐古勇・松下高明・森貞俊二・山根恒二・吉田寛治：事務／文書管理, p.108, 建帛社, 1994

Ⅳ　文書の管理

《演習問題》

次の枠内の会社・団体に関する文書をまとめるために，相手先別整理法（五十音順）でファイリングすることになった。フォルダーおよびガイドに適切な言葉を記入しなさい。

```
小林産業（株）　クキ企画（有）　ケンコー商事（株）　菊水電気（株）
近畿電工（株）　（株）小早川商事　キリン・カワハラ（株）　（株）喜多川産業
（株）カール商事　笠原商会（株）　キヌタ商店（株）　（株）北村商店
```

V　表・グラフの作成

　文書の中の数値をわかりやすく伝えるためには，表やグラフが適している。図表化の目的は，統計的に集計された数値を，誰にでも容易に理解できるようにすることである。

〈文章〉

今年度，ABC 物産の上半期の売上高は，東京本社 30.5 パーセント，名古屋支社は 23.8 パーセント，大阪支社は 28.9 パーセント，福岡支社は 16.8 パーセントとなった。この数値は，昨年度と比べると福岡を除く，本社・支社すべてが一律 3 パーセントアップしていた。

〈表〉
ABC 物産の売上高
（本社・支社報告）

（上半期：単位は%）

売上高	東京本社	名古屋支社	大阪支社	福岡支社
今年度	30.5	23.8	28.9	16.8
昨年度	27.5	20.8	25.9	25.8

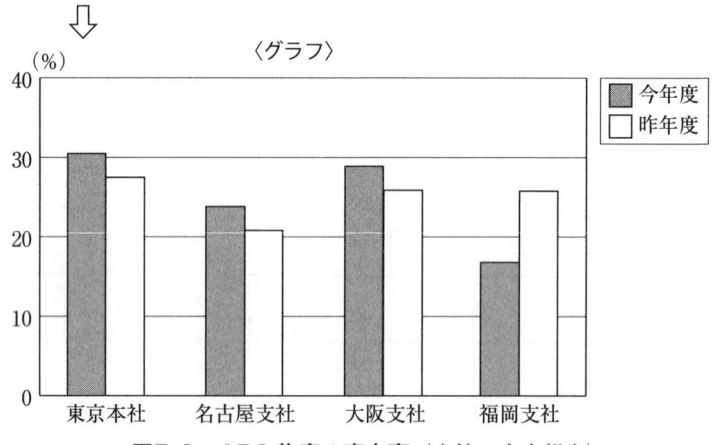

〈グラフ〉

図5-1　ABC 物産の売上高（本社・支店報告）

1　図表化の利点

　上司に報告や連絡をする場合，文字や言葉だけでなく，表やグラフを使用して視覚的に訴えると効果的である。その利点を次にあげる。
　①数字だけでは見落とされがちな問題点が明確となる
　②時系列的な変化やその傾向が把握できる
　③全体とその構成内容の比率が明確になる
　④目標達成の動機づけに有効である

Ⅴ　表・グラフの作成

　図表で表すことは，文字や言葉以上に説得力があるといえる。その特性を十分に考えて作成したい。

2　グラフの種類

　ここでは，ビジネス現場で多く使用される，①棒グラフ，②線グラフ，③円グラフ，④帯グラフについて説明する。
　これらのグラフの利用目的は表5-1のとおりである。

表5-1　4つのグラフと利用目的

グラフ	利用目的
①棒グラフ	数量の大小を比較するとき
②線グラフ	時系列的変化の様子や数量の推移を見るとき
③円グラフ	構成要素の比率（割合）を表現するとき。360度を100％とするため，180度では50％，90度は25％などのように，360度と割合の比率計算が必要となる
④帯グラフ	構成要素の比率（割合）を表現するとき。円グラフと違い，角度換算の必要がなく，割合のとおりに表記できる

3　グラフ作成の基本

　目的に合ったグラフを作成したとしても，このグラフは何を示しているのかが，わからない場合がある。そこで，グラフを作成する際には，表題・頭注・脚注・引用資料などが必要となる。

①表題（タイトル）
　「携帯電話販売高の推移」「上半期支社別契約者数」などのように，表題はグラフの内容を簡潔に表す。表題が長すぎる場合は，副題（サブタイトル）をつける。また，表題の位置は，グラフの上部（場合によっては下部）の中央に配置する。

②頭　注
　頭注は，表題に添えて示す注記である。例えば，「ＡＢＣ物産の支店別売上高」が表題であれば，「20〇〇年3月末時点」が頭注となる。

③脚注・引用資料
　脚注は，グラフについて説明が必要な場合に，左下余白に注記したものである。例えば，複数回答のアンケート調査結果を示す場合，調査年月（日）や「複数回答のため，合計は100％を超える」などが脚注となる。また，引用した資料は脚注に添えて，その出典を明記する。

4　各種グラフの作成方法

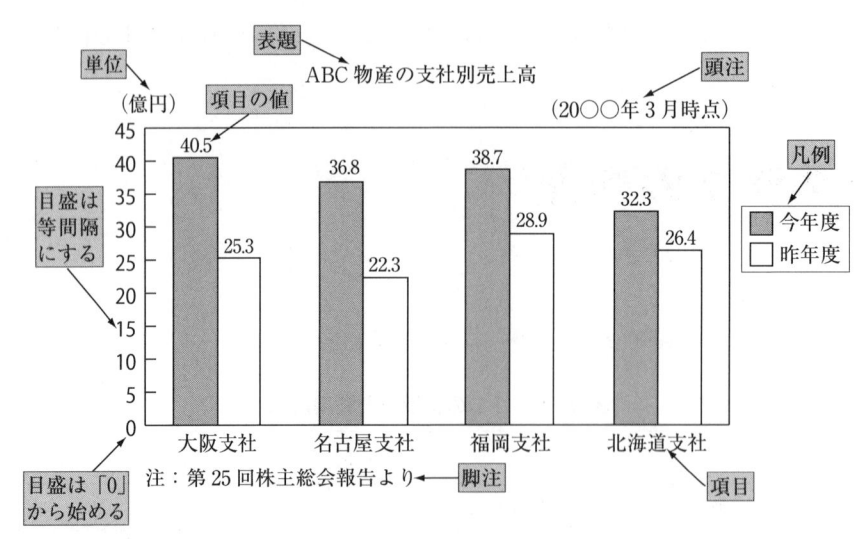

図5-2　棒グラフの書き方

4　各種グラフの作成方法

次は，グラフを作成する際の留意点である。

①**棒グラフ**

　a）棒の幅はすべて同じにする。

　b）目盛りの取り方は，縦軸のときは必ず下端を「0」（基底）とする。目盛りを中断するときも，「0」からはじめる。

　c）目盛りの間隔は，必ず等間隔にとる。

　d）金額・数量・比率などの単位は，縦軸では上端に，横棒では右端に示す。このとき，単位

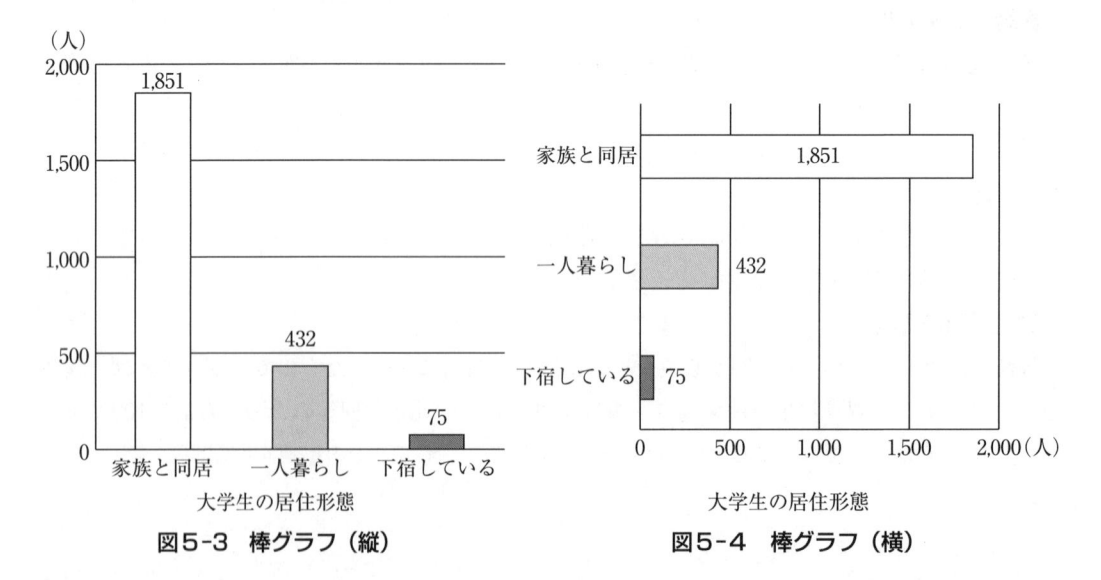

図5-3　棒グラフ（縦）　　　図5-4　棒グラフ（横）

は，（%）のように，カッコにまとめて表示する。
 e）棒を重ね合わせて表現するときは，短い棒が前方になるようにする。

②線（折れ線）グラフ
 a）時系列的に表現する場合は，縦軸には数量，横軸には時間の経過を示す目盛りをとる。
 b）目盛りを多く取りすぎると読みにくくなるため，最小限度に留める。
 c）単位を記入する位置は，縦軸は上端とし，横軸では右端とする。
 d）一つのグラフの中に数種類のデータを表示するときは，波線・点線・鎖線などのように，線種を変えるとよい。

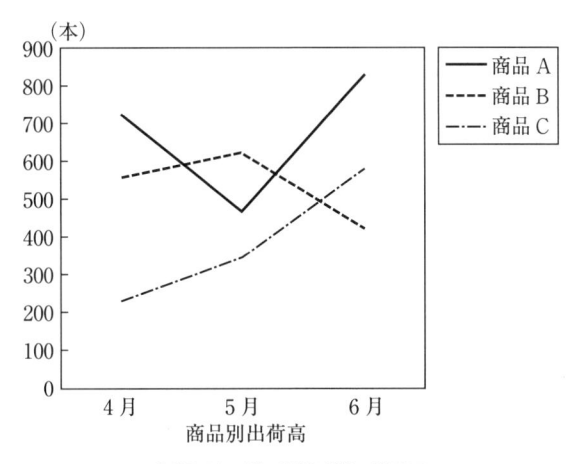

図5-5　線（折れ線）グラフ

③円グラフ
 a）全体を100%として，各項目の構成比率を求める。
 b）円周角に換算する。換算の仕方は，（構成比率×360°）÷100である。
   例）A製品25%，B製品45%，C製品20%，その他10%を円周角に換算すると前から順に，90°，162°，72°，36°となる。
 c）円を描き，円の頂点から中心点まで線を引く。この線を「基線」という。

図5-6　円グラフ

 d）項目の比率の置き方は，原則，項目の大きなものから時計回りにとっていく。「その他」の部分が大きくなったとしても最後の位置に配置する。ただし，意識調査や満足度調査などの，「非常に満足」「だいたい満足」「どちらもいえない」「やや不満」「非常に不満」の場合は，データの比率の大小に関係なく，その程度の順に並べる。「その他」については，基本のときと同じように最後に記す。

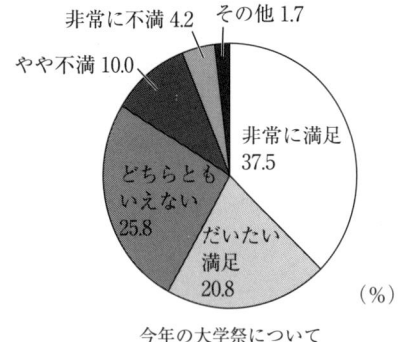

e）項目や数値を扇形に記入できなければ，引き出し線を用いて円外に書いてもよい。

f）斜線や格子など，指定した範囲を模様で塗りつぶすことをハッチングという。ハッチングをかける場合，隣の項目との識別がはっきりするものを用いる。なお，「その他」にはかけなくてもよい。

④帯グラフ

a）全体を100%として，各項目の構成比率を求める。

b）円グラフと違い，円周角に換算する必要はない。

c）項目の比率の置き方は，項目の数値の大きなものの順に左側に配置し，「その他」の部分の数値が大きくても，右端に置く。

d）円グラフと同じで，引き出し線を用いて工夫する。

e）帯グラフと同じ長さで，目盛りを作成する。このときの目盛りは等間隔にする。

f）複数の帯グラフを並べる場合は，まず基準となる帯グラフを作成し，その他の帯グラフをこの項目順に配置する。その際，各グラフの帯の区切りを点線や実線で結ぶと，比率の推移がわかりやすい。

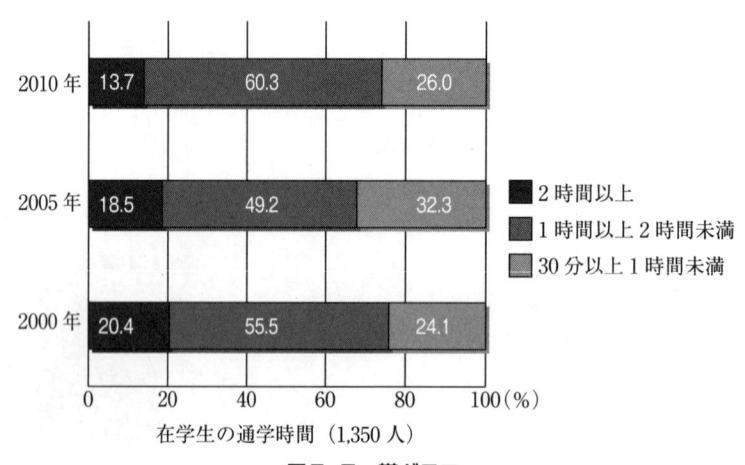

図5-7　帯グラフ

V　表・グラフの作成

《演習問題》

1．次の文章を読み，適切なグラフを作りなさい。

> スポーツクラブで高齢者向けのプログラムが人気を集めるなど，世代を超えて健康維持に対する関心は高い。そこで，「ビジネス社会」が会社員を対象に，「日常の運動習慣についてのアンケート調査」(20○○年5月実施) を行った (有効回答者915人)。この結果，「どのような運動を一番よくしているか」の質問では，「ヨガ」15パーセント，「テニス」10パーセント，「ウォーキング」35パーセント，「ゴルフ」10パーセント，「その他」24パーセント，「水泳」6パーセントという回答であった。

2．次の文章を読み，適切なグラフを作りなさい。

> 情報化の進展により，青少年を取り巻くメディア環境も急激に変化している。情報メディア研究会 (20○○年) によるとワープロ・パソコンの利用経験について，男子と女子 (ともに12～14歳) それぞれに調査した結果は次のようになった (調査対象者数：男子485人，女子480人)。ワープロ・パソコンを「現在使っている」と答えたのは，男子43パーセント，女子35パーセント。「過去に使ったことがある」では，男子47パーセント，女子30パーセント。「一度も使ったことがない」は，男子10パーセント，女子35パーセントであった。

VI 就職関係文書

1 就職における文書の役割

　就職活動の過程において，志望者は企業等に様々な書類を提出することになる。書類選考を第一次選考とするところも多く，自分をアピールするために重要な役割を果たす。

2 就職活動の過程で必要となる文書

①履歴書：氏名，連絡先，学歴，職歴，資格，特技，志望動機などを記入する。
②エントリーシート：企業独自の応募用書類である。自己PRや志望動機をその企業の事業内容に応じて記入する。
③送付状（カバーレター）：履歴書などの応募書類を送付する際，添える手紙である。
④礼　状：面接や内定の礼を伝えるための手紙である。

3 履歴書の作成

　履歴書は，その企業等への就職を希望することを伝える文書であり，その人の基礎情報となる。書類選考のために使われるのはもちろん，面接時の質問事項にされることがある。入社への熱意が感じられ，この人に会ってみたいと思わせる履歴書作成を心掛けなければならない。

①履歴書の書き方
　履歴書は様々な種類のものが市販されている。新卒学生用は，「免許・資格」「得意学科」「特技・趣味」など，自分をアピールする欄がなるべく多いものを選ぶとよい。大学指定のものがあれば，それを使用するのもよい。転職者用に職歴欄が多く設けられているものや，職務経歴書付のものは学生には不向きである。自分にとって有利な項目を記入する欄が多くあるものを選び，効果的に仕上げるとよい。

②履歴書記入上の注意
　　a）筆記用具
　　　・黒の万年筆やボールペンを使用する。鉛筆は使用しない。パソコンを使用して仕上げてもよい。ただし，氏名は自筆手書きにする。
　　b）字　体
　　　・正確，丁寧に，崩さず楷書で書く。

Ⅵ　就職関係文書

　　・薄い字，小さすぎる字も避ける。
c）文　章
　　・文体は，「敬体（です・ます）」がよい。
　　・枠をはみ出して書いたり，記入漏れや空欄が多すぎないように気をつける。
　　・誤字・脱字がないよう十分に見直しをする。
d）修　正
　　・書き間違えた場合は，用紙を変えて書き直す。修正液は使わず，二重線での訂正も不可である。鉛筆で下書きをしてペンでなぞる場合は，鉛筆書きをきれいに消してペンの字が鮮明であるようにする。
e）印　鑑
　　・押印欄がある場合は，押印する。印鑑はインクが内蔵されたものは不向きである。
　　・朱肉を用いて，歪んだり，にじんだり，一部が薄くなったりしないよう，真っすぐ鮮明に押す。履歴書をすべて書き終えてから押印して失敗すると，書き直さなければならなくなるので，先に押印してから書き始めるとよい。
f）写　真
　　・カラー，白黒のどちらでもよい。指定のサイズに合わせて正確に貼りつける。
　　・髪型や身だしなみを整えて撮影する。
　　・万一，写真が剥がれてしまったときのために，写真の裏に学校名と氏名を書いておくとよい。
g）その他
　　・履歴書に書いた内容について聞かれることがあるため，コピーを取っておくようにする。

3　履歴書の作成

③履歴書作成の実際

履歴書

平成〇年11月29日

ふりがな	やました　　えいこ	
氏名	山下　英子	㊞

平成〇〇年　5月17日生（満22歳）	性別　男　㊛

ふりがな	おおさかふおおさかしきたく	TEL. 06-1234-5678
現住所	〒123-5678　大阪府大阪市北区一丁目7番3号	携帯 090-1234-5678
		FAX.　　同　上
ふりがな		TEL.
連絡先	〒　－　（現住所以外に連絡を必要とする場合）	FAX.

年	月	学歴・職歴（各別にまとめて書く）
		学　歴
平成〇	3	大阪市立〇〇〇中学校　卒業
平成〇	4	大阪府立〇〇〇高等学校△△科　入学
平成〇	3	大阪府立〇〇〇高等学校△△科　卒業
平成〇	4	〇〇大学現代ビジネス学部国際経営学科　入学
平成〇	3	〇〇大学現代ビジネス学部国際経営学科　卒業見込
		職　歴
		なし
		賞　罰
		なし
		以上

写真を貼る位置

縦4cm×横3cmの写真を使用してください。

VI　就職関係文書

年	月	免許・資格
平成〇	9	日本英語検定協会実用英語技能検定 2 級
平成〇	6	財団法人実務技能検定協会秘書技能検定　準 1 級
平成〇	7	普通自動車一種免許
平成〇	2	日本商工会議所簿記検定 2 級
		以　上

志望の動機，特技，好きな学科など	通勤時間
特技はフルートです。15 年間続けており，吹奏楽サークルにも所属し部長を務めております。 　物事に継続して取り組む力や皆と協調することの大切さを学びました。事務の仕事においても周囲の方と良好なコミュニケーションを取りながら確実に仕事をこなすことに役立つと考えます。	約　　1　時間　00　分
	扶養家族(配偶者を除く)　　0 人
	配偶者 : 有・㊓ / 配偶者の扶養義務 : 有・㊓

本人希望記入欄（特に給料，職種，勤務時間，勤務地，その他についての希望などがあれば記入）
特にございません。

保護者(本人が未成年の場合のみ記入)		TEL.
ふりがな		
氏名	住所　〒　　－	
		FAX.

＊この履歴書様式はマイクロソフト社テンプレートを使用

3　履歴書の作成

④履歴書の書き方のポイント

a）氏名欄
- 「ふりがな」と書いてあればひらがなで,「フリガナ」とあればカタカナで記入する。大きめの文字でしっかりとバランスよく書く。

b）年　齢
- 送付日の満年齢で記入する。

c）住所記入欄
- 住所は省略せず正式な住居表示で記入する。
- 例）「1－5－3」→「一丁目5番3号」

d）電話番号
- 自宅以外に携帯電話番号も記入しておくとよい。

e）連絡先
- 長期休暇中に実家に戻るような場合は記入する。

f）写　真
- スーツ着用,髪型を整えて撮影したものを使用する。
- 裏面に学校名,氏名を記入しておくとよい。
- 写真欄の枠線に沿って正確に貼りつける。
- カラー,白黒のどちらでもよい。

g）学　歴
- 中学校卒業から記入する。高等学校入学,卒業,専門学校／短期大学／大学入学,卒業（卒業見込）までを記入する。
- 予備校は学歴に加えない。
- 中退は記入する。
- 公立の場合は,〇〇県立,〇〇市立と書く。
- 普通科以外の科の場合は,明記する（商業科,家政科,被服科,工業科など）。
- 卒業後に学校名称が変更された場合,卒業証書に書かれている学校名を書く。
- 在学中に学校名称が変更された場合,「卒業」の後に（名称変更）と書く。
- 他の大学・短期大学・専門学校を卒業後,もしくは退学して現在の学校に入った場合も明記する。
- 編入学,転科,転校も記入する。
- 1年以上の留学経験は記入するとよい。

h）職　歴
- アルバイトは職歴に加えない。

i）賞　罰
- スポーツ,芸術,クラブ活動などで受賞経験があれば記入するとよい。
- 特に記入することがない場合は,賞罰欄がなくてもよい。

j）免許・資格
  ・取得した年月順に正式名称で記入する。
  ・幼い頃に取った資格やかなり年月が経っているものは書かない場合がある。
  ・段位や評価が一般的にわかりにくいものは説明を加えるか記入しないほうがよい。
  ・同じ資格でランクの違うものは上級のほうを書く。
  ・免許・資格が多数ある場合は，希望職種により近いものや上級のものを選んで記入する。
  ・在学中で，卒業時に取得できる資格がある場合は，取得見込として卒業年月を記入する。
  ・資格欄に空欄が多い場合は，現在勉強中のものを「秘書検定2級合格に向けて勉強中」などと記入することも可能である。
k）志望の動機，特技，好きな学科など
  ・空欄や余白が多くなりすぎないよう，与えられたスペースを有効に使い自己アピールをする。できるだけ志望する企業や職業に応じた内容となるよう，具体的に簡潔にまとめる。
  ・クラブ活動や得意科目などは，できるだけ現在に近いものを記入する。
l）本人希望欄
  ・絶対的な希望以外は，「特にございません」とする。
m）その他
  ・健康状態については，特に何もなければ「良好」とする。

4 エントリーシートの作成

　エントリーシートは，企業が独自に作成する様式であり，履歴書と同様に第一次選考の資料となる。企業のホームページや資料請求などにより手に入れることができる。

①エントリーシートの書き方
　エントリーシートは，一つの項目の記入欄を広く取り，自由な形式で書くことが多いため，自己理解を深め，綿密な業界・企業研究をした上で効果的に書かなければならない。

②エントリーシート作成上の注意点
　限られた枠の中で簡潔に書く必要があるため，あまり丁寧すぎる表現は不要であるが，次の例のようなあいまいな表現を避ける。
　例）「資格取得をしたいと思う」→「資格取得をする」
　　　「コミュニケーションの大切さがわかった」
　　　　→「コミュニケーションの大切さがわかったので，これからは積極的に挨拶をすることにした」
　　　「いろいろな／様々な／たくさんの／多くの／ことを学んだ」
　　　　→「コミュニケーションの大切さ，中でも挨拶の重要性について学んだ」

③エントリーシートの質問項目の例
　エントリーシートで問われる項目は，企業によって様々であるが，自分の経験に対する単なる

感想文にならないよう，これまで取り組んできたことにより自分は何を得たのか，それが志望企業においてどのように役立つのか，入社後の熱意とともに明確に書き表す。エントリーシートの質問項目の例を次にあげる。

・希望する職種とその理由を書いてください
・10年後にどのようになっていたいと考えますか
・働くうえで大切にしたいことはどのようなことですか
・自己ＰＲを自由に述べてください
・当社でどのような仕事をしたいですか
・学生時代に最も頑張ったことは何ですか

5 送付状の例

応募書類送付状の例

```
                                    平成○年9月12日
東京商事株式会社
    人事部　御中
                              関西経済大学ビジネス学部4年
                                      川田　敏子

  拝啓　初秋の候，貴社ますますご発展のこととお喜び申し上げます。
    私，関西経済大学ビジネス学部に在籍しております川田敏子と申します。
  貴社のホームページで新卒採用情報を拝見し，ぜひとも応募いたしたく，
  ご指示のありました書類をお送りさせていただきます。
    何とぞよろしくご検討くださいますよう，お願い申し上げます。
                                          敬　具
                        記
  同封書類
  （1）履歴書　1通
  （2）卒業見込み証明書　1通
                                          以　上
```

〈作成のポイント〉

　a）日付は，送付日を記入する。履歴書，封筒に記入する日付と一致させる。
　b）送付先

- 株式会社を（株）と省略しないで正式名称を書く。
- 会社名に「・」（中黒）が含まれる場合，書き忘れないように注意する。
  例）エイ・ビー・シー株式会社
- 宛先の敬称に注意する。部署の場合は「御中」，役職名の場合は「殿（様）」
- 役職名＋個人名の場合は，「様（殿）」を用いる。

c）発信人欄には，自分の氏名を書く。住所，電話番号などを記入してもよい。

d）本文
- 頭語と結語の組み合わせに注意し，実際の時候に応じた季語を用いる。
- 「私」など自分を表わす言葉は行頭に書かず，書く場合は文字を小さくする。

e）同封物には，同封書類とその部数を記入する。

演 習 問 題

《演習問題》
1．次のフォームを使用して履歴書を書きなさい。

履歴書

平成　年　月　日

写真を貼る位置
縦4cm×横3cmの写真を使用してください。

ふりがな	
氏名 ㊞	

昭和　年　月　日生（満　歳）	性別　男　女

ふりがな	TEL.
現住所　〒　－	携帯
	FAX.
ふりがな	TEL.
連絡先　〒　－　（現住所以外に連絡を必要とする場合）	
	FAX.

年	月	学歴・職歴（各別にまとめて書く）

Ⅵ 就職関係文書

年	月	免許・資格

志望の動機，特技，好きな学科など	通勤時間　　　　約　　　時間　　　分
	扶養家族(配偶者を除く)　　　　　　人
	配偶者　　　有　　無 / 配偶者の扶養義務　　有　　無

本人希望記入欄 (特に給料，職種，勤務時間，勤務地，その他についての希望などがあれば記入)

保護者(本人が未成年の場合のみ記入) ふりがな		TEL.
氏名	住所 〒　　―	FAX.

演習問題

2．次の内容に従って，採用内定の礼状を作成しなさい。
　・発信者：関西経済大学ビジネス学部４年　川田　敏子
　・受信者：東京商事株式会社　人事部　人事部長　吉本　弘志
　・発信日：平成○年６月12日
　採用内定の通知をもらい，ありがとう。御社が第一志望だったのでとても嬉しい。
　両親に報告したらとても喜んでくれた。入社に備えて資格取得に励み，残りの学生生活をきちんと過ごす。これからもよろしく頼む。

Ⅶ 資　　　　料

1 ビジネス文書関係用語

1	愛顧	あいこ	ひいきにすること。目をかけて引き立てること。「ご愛顧」
2	哀惜	あいせき	人の死などを悲しんだり，惜しんだりすること
3	併せて	あわせて	一緒にして
4	遺憾	いかん	思い通りにいかず心残りなこと。残念。気の毒
5	委細	いさい	細かく詳しいこと／詳しい事情
6	遺志	いし	亡くなった人が遺した志，気持ち
7	一意専心	いちいせんしん	一つのことだけに心を集中させるさま
8	一身上	いっしんじょう	自分の身に関すること
9	異動	いどう	職位，職務などがかわること。「人事異動」
10	引見	いんけん	身分・地位の高い者が目下の者を対面すること
11	鋭意	えいい	一生懸命励むこと。熱心に。「鋭意努力」
12	永眠	えいみん	死去
13	炎暑	えんしょ	夏の厳しい暑さ。酷暑
14	遠路	えんろ	遠い道程
15	押印	おういん	印を押すこと。捺印（なついん）
16	追って	おって	のちほど
17	趣	おもむき	…ということ。…の様子。(「…の趣」のかたちで)「ご病気の趣，案じております」
18	会葬	かいそう	葬儀に参列すること
19	該当	がいとう	一定の条件に適合すること。「該当者」「この要件に該当する人」
20	回答状	かいとうじょう	問いや要求に対する返答の書状
21	格別	かくべつ	特別。格段。とりわけ
22	かたがた（旁）	かたがた	併せて。兼ねて。ついでに
23	過般	かはん	さきごろ。この間。先般
24	加療	かりょう	病気やけがの治療をすること。治療
25	汗顔	かんがん	大いに恥じて顔に汗をかくこと，極めて恥かしく感ずること
26	冠婚葬祭	かんこんそうさい	冠（成人／元服）・婚（婚礼）・葬（葬儀）・祭（祖先の祭事）のこと。古来最も重要とされてきた四大儀式
27	寛恕	かんじょ	広い心で許すこと
28	冠省	かんしょう	手紙で前文を省くこと。手紙の冒頭に使う語
29	寛容	かんよう	心が広く，よく人を許し受け入れること
30	儀	ぎ	〜は，という意味。「私儀（しぎ），…」
31	起案	きあん	官公庁などで上司に許可・命令をもとめること。「起案書」

1　ビジネス文書関係用語

32	貴意	きい	相手の意見の尊敬語。あなたのご意見。お考え。「貴意を得たくお伺い申し上げます」
33	貴信	きしん	相手の手紙の尊敬語。貴簡。
34	貴台	きだい	相手（二人称）の尊敬語。あなた。貴殿。貴下。高台（こうだい）
35	忌憚	きたん	遠慮すること。はばかること。「忌憚なく述べる」「忌憚のない意見」
36	休心	きゅうしん	安心すること。「他事ながらご休心下さい」
37	教示	きょうじ	教え示すこと。「ご教示を仰ぐ」
38	恐縮	きょうしゅく	身も縮むほど恐れ入ること。感謝，謝罪，依頼の言葉としても用いる
39	謹賀新年	きんがしんねん	「謹んで新年のよろこびを申し上げます」の意
40	謹啓	きんけい	「謹んで申し上げる」という意味。手紙の冒頭に書く言葉
41	愚考	ぐこう	自分の考えの謙譲語。おろかな考え。取るに足りない意見
42	繰り合わせる	くりあわせる	都合をつける。調整する
43	軽易	けいい	やさしく簡単なさま
44	慶賀	けいが	喜び祝うこと。祝賀
45	敬具	けいぐ	「謹んで申す」の意。手紙の終りに用いる語
46	恵贈	けいぞう	他人から物をおくってもらったことに対する尊敬語。「ご恵贈」
47	消印	けしいん	消したしるしとして押す印。特に郵便切手・印紙・証紙などが使用済みであることを示すために押す印
48	決裁	けっさい	部下の差し出した案の採否を，長が決めること。「決済」と間違わないように注意
49	懸案	けんあん	問題となっていながら，まだ解決がついていない（事柄）。「懸案事項」
50	厳寒	げんかん	きびしい寒さ。極寒（ごっかん）
51	賢察	けんさつ	相手が推察することの尊敬語。お察し。「ご賢察」
52	健勝	けんしょう	（相手の）健康がすぐれてすこやかなこと。「ご健勝」
53	健闘	けんとう	元気いっぱいに，よく闘うこと
54	向寒	こうかん	寒（かん）の時期に向かうこと。日増しに寒くなること
55	厚誼	こうぎ	心からの親しいつきあい。心のこもった手厚い親切。「ご厚誼」
56	高察	こうさつ	相手が推察することの尊敬語。ご賢察。「ご高察」
57	厚志	こうし	親切な気持ち。相手の好意などをいう。「ご厚志」
58	厚情	こうじょう	心からの親切。思いやりのある心。厚志。厚意。「ご厚情」
59	幸甚	こうじん	何よりの幸せ。非常にありがたいと思う・こと（さま）
60	校正	こうせい	印刷物と原稿とを比べあわせて印刷の誤りなどを直すこと
61	高説	こうせつ	相手の説の尊敬語。「ご高説を拝聴する」
62	高配	こうはい	相手の配慮（心配り）の尊敬語。「ご高配」
63	高庇	こうひ	相手の庇護の尊敬語。おかげ。「ご高庇」
64	高批	こうひ	相手の批判，批評の尊敬語。「ご高批」
65	高覧	こうらん	相手が見ることの尊敬語。「ご高覧」
66	光臨	こうりん	相手の来訪の尊敬語。「ご光臨」
67	酷暑	こくしょ	夏の厳しい暑さ。酷熱
68	酷寒	こっかん	きびしい寒さ。極寒（ごっかん）
69	懇願	こんがん	誠意をこめて頼むこと
70	懇情	こんじょう	ねんごろな心づかい。（コンセイともいう）「ご懇情を賜り……」
71	今般	こんぱん	このたび。今回
72	再三	さいさん	たびたび。しばしば。二度も三度も

Ⅶ 資　　料

73	査収	さしゅう	よく調べて受けとること。「ご査収願います」
74	些少	さしょう	わずかで少ないこと
75	自愛	じあい	自分自身（自分のからだ）を，大切にすること。「ご自愛ください」
76	時下	じか	この頃。このせつ。目下
77	至極	しごく	この上ないこと。最上
78	時節柄	じせつがら	時節にふさわしいこと。このような時節だから
79	社屋	しゃおく	会社の建物
80	愁傷	しゅうしょう	心からその人の死を悲しむこと。「ご愁傷さま」（死者の近親者に対するお悔みの言葉）
81	秋冷	しゅうれい	秋になって感ずる冷ややかさ
82	出向	しゅっこう	命令を受けて，他の会社や官庁の仕事につくこと
83	竣工	しゅんこう	建設工事が完成すること。落成
84	遵守（順守）	じゅんしゅ	規則や法律などに従い守ること。「規則を遵守する」
85	小宴	しょうえん	宴会の謙譲語
86	照会	しょうかい	問い合せること。「在庫の有無を照会する」
87	小社	しょうしゃ	自分が勤務・経営する「会社」の謙譲語
88	小職	しょうしょく	職に就いている人の謙譲語
89	上申	じょうしん	上役や上部機関に意見を述べること。「上申書」
90	笑納	しょうのう	贈物をするとき，つまらない物ですがお気軽にお納めくださいという気持ちで使う語。「ご笑納下されば幸いに存じます」
91	所期	しょき	心の中でそうなるようにと期待して待ち受けていること。「所期の目的を達する」
92	叙勲	じょくん	勲等に叙して、勲記・勲章を授けること。「春の叙勲」
93	所存	しょぞん	考え。心に思っていること
94	書中	しょちゅう	手紙
95	初冬	しょとう	冬の初め
96	辞令	じれい	職の任免に際し，その旨を記して本人に交付する文書／応対の言葉遣い。挨拶。「外交辞令」
97	師走	しわす	12月
98	深謝	しんしゃ	深く感謝すること／丁寧に詫びること
99	尽力	じんりょく	力をつくすこと。努力
100	清栄	せいえい	健康で，仕事も順調にいっていることの尊敬語。「ご清栄のこととお喜び申し上げます」
101	盛栄	せいえい	栄えること。隆盛。繁栄。「ご盛栄のこととお喜び……」
102	盛夏	せいか	夏の一番暑い時期。真夏（まなつ）
103	逝去	せいきょ	他人の死の尊敬語。「ご逝去を悼む」
104	清秋	せいしゅう	空が清く澄みわたった秋
105	清祥	せいしょう	相手が健やかで，幸せに暮らしていること。「ご清祥のこととお喜び……」
106	清勝	せいしょう	相手が健康で無事に暮らしていること。「ご清勝」
107	惜春	せきしゅん	過ぎ行く春を惜しむこと
108	責務	せきむ	責任と義務／責任として果たすべきつとめ。「責務を果たす」
109	善処	ぜんしょ	ある問題を上手く処理すること
110	専心	せんしん	心をひとつの事にそそぐこと。専念。「一意専心」
111	先般	せんぱん	さき頃。せんだって

1　ビジネス文書関係用語

112	前略	ぜんりゃく	手紙で，前文を省略する旨のことわりとして用いる語
113	壮健	そうけん	元気盛んで丈夫なこと
114	草々不一	そうそうふいつ	手紙の末尾に添えて，走り書きで十分に意を尽していない意を表す語（草々／不一）
115	尊父	そんぷ	相手の父親の尊敬語。「御尊父」「御尊父様」
116	大過	たいか	大きな過失。大変な過ち。「大過なく過ごしました」
117	大慶	たいけい	非常にめでたいこと。大きな喜び
118	たけなわ	たけなわ（酣）	いちばん盛んなとき。最盛時。「秋もたけなわのころ」
119	多幸	たこう	幸せが多いこと。「ご多幸を祈る」
120	他事	たじ	ほかのこと。余事
121	多祥	たしょう	幸い（喜び）の多いこと。「ご多祥のこととお喜び申し上げます」
122	多忙	たぼう	ひどく忙しいこと。繁忙。煩忙（はんぼう）
123	賜る	たまわる	頂く。頂戴する。くださる
124	多用	たよう	用事の多いこと。忙しいこと。多忙
125	段	だん	こと。次第。「ご無礼の段」
126	弔慰	ちょうい	死者を弔い，遺族を慰めること
127	頂戴	ちょうだい	もらうことの謙譲語。賜ること。いただくこと
128	帳票	ちょうひょう	帳簿や伝票の総称。(手紙形式になっていないもの)
129	貼付	ちょうふ	貼りつけること
130	陳謝	ちんしゃ	訳を言って謝ること。「陳謝状」
131	追記	ついき	後から書き加えること／書き加えた文章
132	通例	つうれい	通常。一般。普通／一般のならわし。「世間の通例」
133	投函	とうかん	郵便物をポストに入れること
134	念書	ねんしょ	後日の証拠として，念のために相手に渡しておく書面
135	倍旧	ばいきゅう	前よりもいっそう程度を増すこと。今まで以上に
136	拝啓	はいけい	「謹んで申し上げる」の意。手紙の冒頭に使う語
137	拝察	はいさつ	察することの謙譲語
138	拝受	はいじゅ	受けることの謙譲語。「貴簡拝受しました」
139	拝承	はいしょう	承ることの謙譲語。謹んで受けたまわる意
140	拝聴	はいちょう	聴くことの謙譲語
141	拝読	はいどく	読むことの謙譲語
142	拝眉	はいび	相手に会うことの謙譲語。拝顔
143	拝復	はいふく	謹んで返事をする意。返事の手紙の冒頭に使う語
144	麦秋	ばくしゅう	麦を収穫する季節。初夏の頃
145	甚だ	はなはだ	程度が著しいこと。たいそう。非常に
146	晩夏	ばんか	夏の終わり頃
147	煩雑	はんざつ	ごたごたすること
148	晩秋	ばんしゅう	秋の終わり頃。暮秋
149	万障	ばんしょう	多くの差し障り。「万障お繰り合わせの上……」
150	訃報	ふほう	死亡の知らせ
151	引立て	ひきたて	力を添えて助ける。ひいきにする。「お引立てを賜り」
152	微志	びし	ほんの少しの志。寸志。微意／自分の志の謙譲語
153	ひとえに	ひとえに	ひとすじに。ひたすら。いちずに。もっぱら

Ⅶ 資料

154	飛躍	ひやく	急激な進展・進歩
155	標記	ひょうき	標題として書くこと／その題名。「標記の件について……」
156	微力	びりょく	自分の力量の謙譲語。「微力ながらお役に立ちたい」
157	伏して	ふして	くれぐれも
158	文面	ぶんめん	文章または手紙に書き記された事柄／文章から読み取れる趣意。「文面から察するに」
159	併記	へいき	二つ以上並べて書く
160	平素	へいそ	つね日頃。ふだん。
161	別記	べっき	本文のほかに，別に記し添えること／その文面
162	別便	べつびん	別の便り。別に出す手紙／便りとは別に送る郵便物など
163	便宜	べんぎ	適宜の処理。「便宜をはかる」／都合の良いこと
164	鞭撻	べんたつ	戒め励ますこと。「ご指導ご鞭撻を賜りますよう」
165	母堂	ぼどう	相手の母親の尊敬語。「ご母堂」「ご母堂様」
166	みぎり（砌）	みぎり	とき。頃。おり
167	旨	むね	事のおもむき。趣意。「その旨お伝えください」
168	文言	もんごん	文章中の語句。文句
169	容赦	ようしゃ	許してとがめないこと
170	陽春	ようしゅん	陽気の満ちた春
171	養生	ようじょう	病気・病後の手当てをすること。保養
172	用命	ようめい	相手が注文することの尊敬語。「当店にご用命ください」
173	要用	ようよう	大事な用事。「右要用のみ」／必要なこと。肝要
174	余寒	よかん	立春後の寒さ。寒（かん）が明けてまだ残る寒さ
175	由	よし	物事の理由や事情。いわく
176	来臨	らいりん	相手がある場所へ出席することの尊敬語。「ご来臨」
177	略儀	りゃくぎ	略式。「略儀ながら書中をもって」
178	隆昌	りゅうしょう	非常に栄えること。勢いの盛んなこと。隆盛
179	隆盛	りゅうせい	おおいに栄えること。勢いの盛んなこと。隆昌
180	涼秋	りょうしゅう	涼しい秋。秋涼。新涼
181	了承	りょうしょう	承諾すること。よく承知すること。聞き入れること。
182	稟議	りんぎ	会社などで，所定の重要事項について決裁権を持っている重役などに主管者が文書で決裁承認を求めること。「稟議書」

2 二十四節気（にじゅうしせっき）

月の満ち欠けで1年を決める太陰暦では，暦の日付と季節が一か月近くのずれが生じてくる。そこで季節の目安として考え出されたのが二十四節気である。1年を春夏秋冬に分け，さらに六つずつに分けた24の，それぞれのスタートの日を二十四節気といい，固有名を命名した。

立春（りっしゅん）　初めての春の気配が現れる頃　（2月4日頃）
雨水（うすい）　　　雪や氷が溶けて降る雪も雨にかわる頃　（2月19日頃）
啓蟄（けいちつ）　　冬眠していた虫が地中からは這い出してくる頃　（3月6日頃）

春分（しゅんぶん）	太陽が春分点に達し，昼と夜の時間がほぼ等しくなる日で，彼岸の中日にあたる日　（3月21日頃）
清明（せいめい）	草木が芽吹き，何の草木か明らかになるという，春の清らかな気が満ちる頃（4月5日頃）
穀雨（こくう）	暖かい春の雨が穀類の芽を伸ばし，成長させる頃　（4月20日頃）
立夏（りっか）	初めて夏の気配が現れる頃　（5月6日頃）
小満（しょうまん）	草木が茂り万物が成長し，次第に満ちてくる頃　（5月21日頃）
芒種（ぼうしゅ）	芒（のぎ）のある穀物の種をまく頃　（6月6日頃）
夏至（げし）	1年のうちで昼が最も長く，夜が最も短い日　（6月22日頃）
小暑（しょうしょ）	本格的な暑さが始まる頃　（7月8日頃）
大暑（たいしょ）	最も暑くなる頃　（7月23日頃）
立秋（りっしゅう）	夏の土用が終わり，初めて秋の気配が現れる頃　（8月6日頃）
処暑（しょしょ）	暑さが峠を越し後退し始める頃　（8月24日頃）
白露（はくろ）	秋も本格的になり，大気が冷えて露ができ始める頃　（9月8日頃）
秋分（しゅうぶん）	太陽が秋分点に達し，昼夜の時間がほぼ等しく，秋の彼岸の中日にあたる日（9月23日頃）
寒露（かんろ）	秋も深まり，露が冷気にあたって凍りそうな頃　（10月9日頃）
霜降（そうこう）	露が冷気によって霜になる頃　（10月23日頃）
立冬（りっとう）	初めて冬の気配が現れる頃　（11月8日頃）
小雪（しょうせつ）	わずかながら雪が降り始める頃　（11月23日頃）
大雪（たいせつ）	雪が激しく降り出し，寒さが厳しさを増す頃　（12月8日頃）
冬至（とうじ）	1年のうちで夜が最も長く，昼が最も短い日　（12月22日頃）
小寒（しょうかん）	本格的な寒さが始まる頃　（1月5日頃）
大寒（だいかん）	寒気が到来し最も寒くなる頃　（1月20日頃）

3　雑節

二十四節気の他に，季節の移り変わりの目安となる日を総称して雑節と呼んでいる。

土用（どよう）	夏の土用が有名であるが，立春，立夏，立秋，立冬前の18日間で年に4回あり，それぞれの始めの日（1月17日頃，4月18日頃，7月21日頃，10月20日頃）を土用の入りという
節分（せつぶん）	立春の前日で，季節が移り変わる頃　（2月3日頃）
彼岸（ひがん）	春分，秋分の日を中日として，その前後3日の計7日間　3月17日頃，9月20日ころが彼岸の入り。祖霊供養を行う

八十八夜（はちじゅうはちや）	立春から数えて88日目で，霜もとれ，種まきによい頃	
		（5月1日頃）
入梅（にゅうばい）	梅雨に入る頃　（実際の降雨季とは無関係）	
半夏生（はんげしょう）	夏至から11日目で，「はんげ」という薬草が生える頃。田植えの終期　（7月1日頃）	
二百十日（にひゃくとうか）	立春から数えて210日目で，台風襲来の頃　（9月1日頃）	

4　各月（陰暦）の異称

<u>名付けられた理由の一説</u>

1月	睦月（むつき）	新しい年を一家の人々が仲良く迎える月という意味で睦月といわれる。睦は，むつまじく親しいという意味
2月	如月（きさらぎ）	着更着とも書き，寒いので着るものをさらに増やす月という意味
3月	弥生（やよい）	弥は，いよいよ，ますますの意味で，たくさんのもの（植物）が生まれて花盛りになるという意味が込められている
4月	卯月（うづき）	卯の花が咲き乱れる頃
5月	皐月（さつき）	明るい初夏とくらい梅雨が同居している月。五月晴れをイメージして，さつきとなっている
6月	水無月（みなづき）	暑さで水も涸れることから，「水無月」と呼ばれる
7月	文月（ふみづき）	七夕の日に，詩歌などの文を献じる習慣があった
8月	葉月（はづき）	木の葉が色づき，落ちる季節のこと
9月	長月（ながつき）	秋も深くなると夜も長くなって「夜長月」から，「長月」となっている
10月	神無月（かんなづき）	古くから日本中の神々が出雲大社に集まると信じられ，出雲以外の神社には神々がいなくなってしまうという意味
11月	霜月（しもつき）	霜が降りる頃
12月	師走（しわす）	忙しさのため師（僧侶，先生）までが走り回る月という意味

参考文献一覧（50音順）

天野恒男・伊藤倫男・桐木陽子・服部美樹子・藤田紀美枝：ビジネス文書，建帛社，1997．

有賀秀春：ファイリング読本，学事出版，1980．

飯山章夫：ビジネス文書のポイント，ぎょうせい，1984．

石井典子・三村善美：ビジネス文書実務，早稲田教育出版，2006．

井上淳一：グラフの技術，日本実業出版社，1990．

Eメールビジネス研究所：ビジネスEメール徹底活用術，大和出版，2000．

NTT番号情報関西支店編集：NTT西日本ハローページ，西日本電信電話，2009．

河田美恵子：ビジネス文書と日本語表現，学文社，2006．

黒田廣美・雑賀憲彦・田中朋子・田中雅子・中村芙美子・水原道子・横山秀世：実践オフィスワーク，樹村房，1999．

坂井尚PHP研究所編：ビジネス文書ハンドブック，PHP研究所，1990．

専修学校教育振興会監修：ビジネス能力検定3級テキスト，日本能率協会マネジメントセンター，2001．

実務技能検定協会編：秘書検定2級集中講義，早稲田教育出版，2006．

実務技能検定協会編：ビジネス文書検定受検ガイド（改訂新版）1・2級，早稲田教育出版，2006．

実務技能検定協会編：ビジネス文書技能検定3級実問題集（第23回〜28回），早稲田教育出版，2001．

実務技能検定協会編：ビジネス文書技能検定3級実問題集（第29回〜34回），早稲田教育出版，2004．

実務技能検定協会編：ビジネス文書検定実問題集1・2級（第35〜38回），早稲田教育出版，2006．

高橋光男・中佐古勇・森貞俊二・吉田寛治：入門事務・文書管理，嵯峨野書院，1996．

富丸道之：就職用手紙の書き方と文例集，大泉書店，1990．

内藤郁世・浅岡柚美・鹿毛ヒロ子・徳久晶子・松井涼子：セクレタリー・シミュレーション，早稲田教育出版，2004．

中川路亜紀：ビジネス文書の書き方，ダイヤモンド社，2001．

永山嘉昭：ビジネス電子メールの書き方，日経BP社，1996．

日本実業出版社編著：ビジネス文書330文例，日本実業出版社，1983．

日本能率協会マネジメントセンター編：ビジネス文書の書き方がかんたんにわかる本，日本能率協会マネジメントセンター，2009．

日本郵便：ゆうびん情報ガイド，2008．

半澤敏郎：生活文化歳事史　第Ⅰ巻，東京書籍，1990．

Fawcett T, Yamada I：DAY TO DAY CORRESPNDENCE, The Hokuseido Press, 1986．

深尾紀子：就職活動のための文章表現力基本テキスト，日本能率協会マネジメントセンター，2007．

福永弘之編著，一柳達幸・小原将温・杉田乾伍・仁平征次・三宅耕三・室屋洋一・山本慶子：エクセレント秘書・文書管理，樹村房，1993．

三沢仁・森脇道子：新訂秘書実務改訂版，早稲田教育出版，1989．

三沢仁監修，天野恒男・上山俊幸・中佐古勇・松下高明・森貞俊二・山根恒二・吉田寛治：事務／文書管理，建帛社，1994．

水原道子・植竹由美子・加藤晴美・苅野正美・桐木陽子・児島尚子・野坂純子・森山廣美・山野邦子：ビジネスとオフィスワーク実務演習，樹村房，2005．

水原道子編集，田中朋子・西尾宣明・横山秀世・苅野正美・奈良崎英穂・村田恵子：日本語表現とビジネス文書，樹村房，2000．

安田賀計・島田達巳：最新文書事務，実教出版，1997．

山口尚夫・室屋洋一・唐崎斉・堀初子・山上茂二：情報化時代の文書管理　経営事務と文書情報，嵯峨野書院，1993．

参考文献一覧

山崎弘・吉田治司：文書技法テキスト，実教出版，1998.
山田敏世監修：秘書検定準1級試験，新星出版，1997.
横山都：合格レッスン！　秘書検定2級頻出ポイント完全攻略，高橋書店，2008.

[編著者]		執筆分担
横山　秀世	プール学院大学 　　名誉教授	Ⅰ-1，Ⅰ-2，Ⅱ-1-(6)， Ⅱ-3-(1)〜(4)，Ⅶ
[著　者]		
浅田真理子	和歌山信愛女子短期大学 　　生活文化学科　准教授	Ⅰ-3〜5，Ⅱ-1-(2)・(3)， Ⅱ-2-(2)・(3)，Ⅵ
苅野　正美	プール学院大学短期大学部 　　秘書科　教授	Ⅳ，Ⅴ
兒島　尚子	大阪樟蔭女子大学 　　学芸学部ラインプランニング学科 　　専任講師	Ⅱ-2-(1)・(4)
森田　育代	元滋賀短期大学 　　ビジネスコミュニケーション学科　教授	Ⅱ-1-(1)・(4)・(5)， Ⅱ-4-(1)・(3)〜(5)
森田恵美子	元プール学院大学 　　エクステンション講座　講師	Ⅱ-3-(4)，Ⅱ-4-(2)，Ⅲ

ビジネス文書—オフィスワーカーの実務—

2011年（平成23年）4月20日　初 版 発 行
2019年（平成31年）2月15日　第4刷発行

編著者　横　山　秀　世

発行者　筑　紫　和　男

発行所　株式会社　建　帛　社　KENPAKUSHA

〒112-0011　東京都文京区千石4丁目2番15号
TEL（03）3944-2611
FAX（03）3946-4377
https://www.kenpakusha.co.jp/

ISBN978-4-7679-3917-9　C3034　　　　信毎書籍印刷／田部井手帳
©横山秀世ほか，2011　　　　　　　　　Printed in Japan
（定価はカバーに表示してあります）

本書の複製権・翻訳権・上映権・公衆送信権等は株式会社建帛社が保有します。

JCOPY　〈出版者著作権管理機構　委託出版物〉

本書の無断複製は著作権法上での例外を除き禁じられています。複製される場合は，そのつど事前に，出版者著作権管理機構（TEL 03-3513-5088，FAX 03-3513-5089，e-mail:info@jcopy.or.jp）の許諾を得て下さい。

氏名	番号	備考

キリ取リ線

氏名	番号	備考

氏名		番号		備考	

氏名	番号	備考

氏名		番号		備考	

氏名		番号		備考	

氏名		番号		備考	

氏名		番号		備考	